Elisabeth Moltmann-Wendel

Wenn Gott und Körper sich begegnen

*Feministische Perspektiven
zur Leiblichkeit*

Gütersloher Verlagshaus
Gerd Mohn

Originalausgabe

CIP-Titelaufnahme der Deutschen Bibliothek

Moltmann-Wendel, Elisabeth:
Wenn Gott und Körper sich begegnen : feministische
Perspektiven zur Leiblichkeit / Elisabeth Moltmann-Wendel. —
Gütersloh : Gütersloher Verl.-Haus Mohn, 1989
(Gütersloher Taschenbücher Siebenstern ; 496)
ISBN 3-579-00496-4)
NE: GT

ISBN 3-579-00496-4

© Gütersloher Verlagshaus Gerd Mohn, Gütersloh 1989

Umschlaggestaltung: Dieter Rehder, Aachen, unter Verwendung eines
Ausschnitts des Gemäldes »Madonna« von Edvard Munch, Kunsthalle
Hamburg (Foto: Elke Walford, Hamburg)
Satz: ICS Communikations-Service GmbH, Bergisch Gladbach
Druck und Bindearbeiten: Clausen & Bosse, Leck
Printed in Germany

Inhalt

Einleitung

Als ich kurz nach dem Theologiestudium an einer Berufsschule Religion unterrichtete, fragte ich die Schülerinnen einmal, was sie sich unter Gottebenbildlichkeit vorstellten. Eine Arbeiterin meldete sich und meinte: »Wenn wir uns schminken und schön machen, dann sind wir Gott ebenbildlich.« Ich weiß nicht mehr, was ich geantwortet habe. Innerlich war ich sprachlos, und all mein erworbenes theologisches Wissen von der Distanz zwischen Gott und Mensch, von der Unvereinbarkeit von Gott und Körper drehte sich herum. Überall, wo ich diese Antwort erzählte, erntete ich fassungsloses Kopfschütteln von einem vergeistigten und schöngeistigen Christentum. Trotzdem — ich vergaß diese Antwort nicht, und je mehr ich mich von den Höhenflügen theologischen Denkens in die Realitäten menschlichen Lebens mit Kindern und Haushalt begeben mußte und später auch in der Erwachsenenbildung auf ganz andere, wirklichkeitsnahe Denkmuster stieß, desto häufiger erinnerte ich mich an die Arbeiterin, die mit ihrem Gesicht dem Gesicht Gottes entsprechen wollte, und die mit ihrem Körper dem Körper Gottes nahe zu sein glaubte. Hatte sie nicht recht? Wie können wir theologisches Denken von Abstraktionen befreien, und wie können wir Gott wieder leibhaft, erdnah und glaubhaft machen?

Diese Frage verstärkte sich für mich durch die Erfahrungen und Erkenntnisse der Frauenbewegung und der Feministischen Theologie, in der die gesellschaftliche und psychologische Existenz der Frauen nüchtern und naturwissenschaftlich seziert wurde und keine Verschönerung und kein billiger Trost von oben mehr zugelassen war. Wie konnte Frau noch Christin sein? Die theologische Herausforderung hätte nicht größer sein können. Es gibt inzwischen religiöse Wege von Frauen nach innen und nach außen. Es gibt die Wiederentdeckung der Bilder Gottes in der eigenen Seele und die kirchenpolitische Aktion nach außen. Es gibt gnostische Aus-Wege, Wege aus sich heraus in ein neues Bewußtsein, und es gibt die Befreiungstheologie, die im Engagement für die Unterdrückten Gott neu erfährt. Es gibt den mütterlichen Gott und die große Göttin, die in allem Lebendigen ist. Es gibt die Sehnsucht nach einer Frauenkirche und den Marsch durch Institutionen, auch die der Kirchen.

In meiner Arbeit mit Frauen und im Nachdenken über unsere Tradition wird mir eins immer wichtiger: der Körper des Menschen, speziell der Körper der Frauen. Was uns allen gemeinsam ist, ist ein Körper, den wir haben. Denn wie können wir christlichen Glauben leibhaft, glaubhaft, erdhaft machen, wenn nicht mit unseren Körpern? Wie können wir die Wirklichkeit von Menschen erreichen, wenn nicht durch das Organ, mit dem wir fühlen, lieben, denken und atmen? Zugleich drängt sich dann aber auch die Wirklichkeit der Frau auf: ihr Körper ist es ja, der vergessen, mißhandelt, vergöttlicht und zu Geld gemacht, zu Dienst und Reproduktion benutzt und zur Metapher für Weiblichkeit wurde. Die Erkenntnisse und Forschungen der Frauenbewegung haben einer abendländisch-bürgerlichen Gesellschaft den Star gestochen, was unter ihrer Decke geschah. Können wir danach überhaupt noch von Verleiblichung sprechen, und drängt es uns nicht eher, aus dem Körper zu fliehen und zu einem neuen Bewußtsein zu gelangen?

In der Feministischen Theologie wird viel mit dem Körper erfahren, aber wenig über ihn reflektiert. Als malträtiertes Organ ist er Objekt vieler Untersuchungen, aber als wiederzufindendes Zentrum des Menschen ist er noch kaum sichtbar geworden. Bisher ist das Thema Körper vor allem als Problem Sexualität verhandelt worden. Doch längst wissen Frauen eigentlich, daß Sexualität nicht alle Körperdimensionen abdecken kann. *Nur*

Sexualität als Körperproblem zu sehen, könnte allzu einfach Männeransichten perpetuieren, nach denen der Körper vor allem Instrument für Sex ist. Wir sollten uns diese Verengung nicht aufdrängen lassen, sondern den Körper in seiner Vielfalt und seinen unausgeschöpften Möglichkeiten sehen.

Wie in allen anderen revolutionären Bewegungen gibt es aber auch in der Frauenbewegung den Protest gegen den Gesellschaftskörper, der das eklatante Mißverhältnis zum eigenen Körper kundtut. Der soziale Körper entspricht dem eigenen Körper, und solange gegen ihn angekämpft wird, kann sich auch kaum ein eigenes positives Körperbild entfalten (vgl. dazu Mary Douglas, Ritual, Tabu und Körpersymbolik, Frankfurt 1986).

Könnte nicht die Betonung des Körpers bereits eine Anpassung an bestehende Gesellschaftsverhältnisse sein? Gibt es vom Körper her überhaupt einen Widerstand? Der Protest gegen eine frauenfeindliche Gesellschaft muß auch im Protest gegen den eigenen Körper lebendig bleiben. Noch ist Versöhnung nicht angezeigt. Dazu kommt die Schwierigkeit, daß »Körper« bei unseren Zeitgenossen als peinlich und unpolitisch gilt, eher an narzißtische Körperkulturen als an gesellschaftliche Verantwortung erinnert und also persönlich und politisch im Abseits steht.

Wenn ich selbst beim Körper ansetze, dann möchte ich diese Fragen nicht vom Tisch wischen und den Widerspruch, in dem wir uns mit unserem Körper und uns selbst zur bestehenden Gesellschaft befinden, auflösen. Wenn ich mit dem Körper-Leib beginne, dann möchte ich den Ansatz der christlichen Religion ausprobieren, die so vehement körper-leibhaft sein wollte, daß sie die Fleischwerdung Gottes bekannte − eine Fleischwerdung, die in sich den Widerstand gegen eine Gesellschaft trug und am Kreuz endete. Liegt darin nicht eine Aufforderung, in den Körper zurückzukehren und die Paradoxie zu leben? Die Inkarnation kann auch ein Modell für Frauen sein, denn sie ist keine männliche Sieges- und Heldengeschichte, sondern beschreibt in einer menschlichen Geschichte die Gegenwart Gottes in unserer Wirklichkeit.

Die vielen Deformationen, durch die das Christentum im

9

Laufe seiner Geschichte gegangen ist, die herrscherlichen, männlichen, hierarchischen, machen es uns schwer, Gott und Körper wieder zusammenzudenken. Es gibt zudem eine christliche Fluchtgeschichte vom Körper in den Geist. Barbara Dudens Resümè ihrer historischen Körper-Untersuchung »Geschichte unter der Haut« mag exemplarisch für viele sein: »Die mir geläufige entkörperte Vorstellung von dem, was ›Religion‹ war, hat mir, wie schon mehreren Generationen, die Sicht auf den verlorenen Körper verstellt« (Stuttgart 1987). Aber vielleicht beginnt auch heute neu die Rückkehr in den Körper, in die Leibhaftigkeit und Glaubhaftigkeit, in die Realität und in die Konkretion. Denn zum ersten Mal in unserer Geschichte sagen Frauen wieder: Unser Körper — Unser Selbst — Unser Leben, ohne sich damit in einen Himmel zu träumen oder sich das Leben zur Hölle zu machen. In unsern Körpern liegt eine Macht, der wir uns kaum bewußt sind, eine Macht, die dauerhafter ist als nur Machtansprüche.

In den vorliegende Aufsätzen habe ich mich in den letzten Jahren dem Körper-Leib-Thema in Christentum und Feminismus — speziell in Feministischer Theologie — immer wieder genähert. Vieles ist hier nur angerissen, was gründlicherer Darstellung bedürfte. Auch in den Bibelarbeiten, die ich in den letzten Jahren auf Kirchentagen in Ost und West hielt, bin ich immer wieder auf die Frage nach unserem Körper gestoßen. Sie stellen eine andere Form der Annäherung an das Leibthema dar. Die im Stil sehr unterschiedlichen — meditativen und informativen — Beiträge sind zu sehr verschiedenen Anlässen entstanden und bilden jeweils in sich eine Einheit.

In Teil I habe ich in einem Grundsatzartikel *Unser Körper — Unser Selbst* die aufgekommenen Probleme von Kirche, Körper und Gesellschaft und die neuen feministischen Perspektiven aufzuzeigen versucht. In den folgenden Teilen sind diese Grundsatzfragen noch einmal aufgefächert in Einzeldarstellungen: In Teil II bin ich der heute verbreiteten Vorstellung von *Ganzheit* nachgegangen. Dazu geordnet habe ich eine Auslegung der Versuchungsgeschichte, in der es ebenfalls um die Ganzheit unserer Person geht. Teil III gilt der *Leibhaftigkeit jüdisch-christlichen Glaubens*, wie sie gerade an Frauenkörpern sichtbar werden kann. Daß auch unsere Vormütter schon Protest gegen die Männlichkeit des Christentums einlegten, zeigt die Lehrtafel der Prinzessin Antonia aus dem 17. Jahrhundert, die listig und lustvoll eine weibliche Heilsschau darstellte und mit den Frauengestalten und Frauenkörpern auf einen neuen Frauengeist hinwies, der das Heil anders begreift. An der alttestamentlichen Hanna, die in ihrer Schwangerschaft das Heil leibhaftig erfährt, müssen wir uns neu die Frage nach der Leibhaftigkeit christlichen Glaubens stellen, die angesichts der bedrohten Schöpfung aktueller denn je ist. Die Mutter-Tochter-Themen, *Symbiosen,* im letzten Teil IV machen an Hand der neu aufgetauchten Frauenkonflikte unsere bis ins Psychische gehenden Abhängigkeiten und möglichen Ablösungen deutlich. Dazu gehört die Geschichte der kanaanäischen Frau, die für mich einen verborgenen Mutter-Tochter-Konflikt enthält und in der Jesusbeziehung einen Weg zum Freiwerden aufzeigt.

Da unser Heil und unsere Heilung sich nicht auf Frauen beschränkt, widme ich dieses Buch meinen vier Enkelsöhnen.

I. UNSER KÖRPER – UNSER SELBST

1. Die Scham, im Leibe zu sein

Körper und Kirchen

Seltsam gleichmütig haben Kirchen und christliche Gruppen die von der Frauenzeitschrift »Emma« initiierte Kampagne gegen Pornographie an sich vorbeiziehen lassen. Ähnlich unbeteiligt, wie sie vor 15 Jahren die Entstehung der Frauenhäuser mit ansahen, ohne sich für den ausgenutzten, mißhandelten Körper der Frau besonders zu engagieren. Wie kommt es, so müssen wir fragen, daß Kirchen, Diakonie und Caritas den kranken, behinderten, hinfälligen Körper des Menschen wahrnahmen und beispielhafte Liebeswerke dafür aufbauten, aber den ungeschützten und allzu oft männlicher Willkür ausgesetzten Frauenkörper nicht sahen? Sind Frauen nur wichtig und interessant, wenn es um die Abtreibung geht und die reproduzierende Frau in den Mittelpunkt des Interesses rückt?[1]

Nach Schätzungen des bayrischen Sozialministeriums werden pro Jahr 4 Mio. Frauen von ihren Ehemännern mißhandelt, in jeder dritten Ehe kommen Gewalttätigkeiten vor, 24 000 Frauen suchen jährlich Zuflucht in Frauenhäusern. Das Ergebnis einer Tagung der Gesellschaft für Sexualreform und Pro Familia in Frankfurt/M. im Herbst 1988 war, daß 75 % der Opfer sexueller Verbrechen Mädchen sind und 90 % der Täter Männer, und zwar ichschwache Männer, keine triebstarken.

Nach zentraler christlicher Tradition ist das Heil – so Johann Baptist Metz – »spezifisch leibhaftiges Heil«, und die Gnade drängt nach »Verleiblichung«.[2] Nach Eduard Schweizer ist für Paulus der Leib der Ort, an dem der Glauben lebt, »an dem der Mensch Gott und seinem Mitmenschen begegnet«.[3]

Es wird auch heute wieder zunehmend im Christentum von »leibhaftem Glauben«, »Leibhaftigkeit«, »Leiblichkeit« gesprochen und geschrieben.[4] Doch es scheint, als ob solche christliche Leibhaftigkeit mehr Wunsch als Realität, mehr allgemein als speziell ist. Der Leib ist in unserem Sprachverständnis der »Körper eines lebendigen Wesens«. Der Leib ist ein »beseelter Körper«.[5] Dann müßte es eigentlich ein dringendes theologisches und kirchliches Interesse an diesem Körper der Frau geben, der — da er lebendig ist — ihr Leib ist.

Ist der Körper des Menschen überhaupt ein Thema für die Theologie? Bringe ich hier Dinge zusammen, die eigentlich nichts miteinander zu tun haben? Haben wir es überhaupt in Kirche und Theologie mit dem Körper zu tun, und haben wir uns nicht hinter einer vagen, unbestimmten geschlechtlosen Leiblichkeit verborgen, die letztlich körperlos ist?[6]

Körper und Leib werden im Deutschen unterschieden, während es im Englischen nur ein Wort, »body«, dafür gibt. Klassisch geworden ist die Unterscheidung von Helmuth Plessner »Körper haben« und »Leib sein«[7], wobei der zweite Ausdruck in unserer geistigen Tradition stets höher bewertet wurde. Ich selbst möchte mich nicht nur auf den theologischen Leibgedanken zurückziehen, denn 1. gehen wir damit an einer in der gegenwärtigen Kultur gängigen Vorstellung vom Körper vorbei, und 2. sollten wir als Frauen, deren Körper so lange mißachtet oder übersehen war, durchaus einen positiven Zugang zur Vorstellung bekommen, daß wir etwas haben, und zwar einen wichtigen und interessanten Körper. So werde ich beide Vorstellungen: Körper *und* Leib benutzen, wobei meist Körper den naturwissenschaftlichen und den individuellen Aspekt umfaßt, Leib den traditionsreichen theologischen und den sozialen.

Doch wie sieht unser christlicher Grundbestand aus? In der RE (Realenzyklopädie für protestantische Theologie und Kirche) von 1902 fiel den Verfassern zum Thema Leib nur »Leibesstrafen« ein. In der RGG (Religion in Geschichte und Gegenwart, 3. Auflage von 1957 ff.) kommt »Körper« natürlich nicht vor, aber auch »Leib«, der so wichtige biblische Begriff, findet sich nicht, und das verweist auf eine bedauernswerte Lücke im rationalen Protestantismus.

Noch in der 2. Auflage der RGG (1929) wurde »Leib« wenigstens religionsgeschichtlich und philosophisch behandelt, und der Religionsgeschichtler van der Leeuw wies darin auf unsere von griechischen und d. h. von dualistischen Anschauungen beherrschten religiösen Vorstellungen hin, die »auf eine Revision unserer Begriffe« hindrängten. In der nächsten Ausgabe entfiel dann aber »Leib« vollständig! Erst im TRT (Taschenlexikon Religion und Theologie) von 1983[4] hat Joachim Schwarz das offene Thema aufgegriffen und dabei auch auf die Frauenfrage kurz hingewiesen.

Im katholischen Schwesterwerk LThK (Lexikon für Theologie und Kirche) ist »Leib« vorhanden, aber noch immer liegt darüber ein Ruch von Sucht und Sünde, von Trieb und Tod. ». . . Die Pflicht, Gott zu verherrlichen im Leibe«, so das LThK, »erfordert Zucht, Bereitschaft zu hartem Verzichten und Beschneidungen im Bereich leiblicher Triebwünsche . . ., um überflutende Leiblichkeit und von dort herkommende Sündenmacht zu überwinden . . .« Der Leib mit seinen »leiblichen Triebwünschen« ist und bleibt ein peinliches Thema, vor allem im katholischen Raum, auch wenn neue Untersuchungen zur Sexualität dieses Thema anders aufgreifen.[8] Die kürzliche Heiligsprechung der Maria Goretti und weiterer Frauen, »Märtyrerinnen der Reinheit«, die für die Keuschheit starben, zeigt noch den alten Trend, Reinheit über Leben zu stellen und die Keuschheit als höchstes Lebensideal anzuempfehlen. Ein abstraktes Ideal von Unberührtheit, das jedem Wissen um den Körper als sozialem, lustspendendem Organ widerspricht. Und das auch in keinem lebendigen Verhältnis zu einem sakramentalen Leib Christi steht, der eigentlich Leben spenden müßte. Und auch der Protestantismus, auch wenn er Sünde und Sexualität zu trennen sucht, hat seinen eigenen Fluchtpunkt gefunden: den immer dienstbereiten protestantischen Leib, den recht genutzten Körper im »Dienst am Nächsten mein«, zur Mehrung des Reichtums, zur Erhaltung der Gesellschaft, den protestantischen Dienstleib. »Die rechte protestantische Nutzung des Körpers« hat »die katholische Sünde des Fleisches« ersetzt.[9]

15

Der protestantische Körper entspricht fast deckungsgleich dem gegenwärtigen Gesellschaftsideal vom »unbelasteten, einsatzbereiten, mobilen Dienstkörper nach Art der Soldaten oder des Dschungelkämpfers«.[10] Er wird fit gehalten durch Trimm-Dich, Jogging und Fasten. Er muß saubergehalten und gereinigt werden von allen Schlacken der Trägheit. Er repräsentiert vielleicht eine kapitalistische Kultur, aber stellt er das Heil dar? Im Protestantismus hat Gott wenig mit Körper, viel aber mit Hygiene zu tun.

Der Körper der Frau ist in der protestantischen Kirche nun nicht zum Reinheitsideal gemacht, aber er ist auch keiner Rede wert. Wie für die meisten in bürgerlicher, patriarchaler Kultur erzogenen Zeitgenossen gilt er als passiv, labil, anfällig, verführbar und verführend. Er hat – wenn auch in bescheidendem Maße – Schönheitsideale zu verkörpern, statt katholischer Reinheit eher protestantische Sauberkeit. Sein Wert liegt in dem naturständischen bürgerlichen Rollenverständnis, daß er die aktiven und aggressiven männlichen Verhaltensweisen zu kompensieren hat durch Güte, Freundlichkeit, Friedlichkeit. Dazu kommt die protestantische Dienstbereitschaft als überhöhendes christliches Ideal. Nach außen muß er also heute Dreifaches leisten, muß saubere Attraktion, Wärmespeicher und Dienstkörper sein, muß geschminkt und getrimmt, verschönt und befastet werden, ohne allerdings die Nestwärme zu verlieren.[11]

All dies zeigt, daß der Körper im Christentum keinen eigenen Stellenwert und Leiblichkeit keine Bedeutung hat. Unsere Berührungsängste, etwas Physisches zu tangieren und in Beziehung zu Gott und Göttlichem zu setzen, sind noch übermächtig. Berührungsängste, die Johann Baptist Metz vor allem im sinnenfernen Protestantismus ausmacht[12], die aber – was den Körper der Frau betreffen – ebenso katholische Ängste sind. Die Diskrepanz, auf die wir von dieser Frage her stoßen, könnte nicht größer sein:

Auf der einen Seite zwei Frauenkörper-ferne Kirchen: eine auf ein starres Verständnis vom eucharistischen Leib Christi festgelegt, die andere in rationaler Sprache, Wortkultur und körperfernen Bildern befangen. Beide ohne erkennbare Intention, sich mit gegenwärtigen Körperfragen zu befassen. Auf der anderen Seite Frauen, die sich ihres Körpers, der männlichen Gewalt und der gesellschaftlichen Vermarktung, der er ausgesetzt ist, bewußt werden, und die sich auch neu bewußt werden, daß der Körper der wichtigste Ort ist, »in dem individuelle, soziale und kulturelle Geschichte sich treffen«.[13] Leib und Leben gehören sprachlich zusammen. Wo etwas leiblos ist, ist es bald leblos. Nur was leibhaft ist, ist auch konkret. Nur was konkret ist, kann die Gesellschaft verändern.

Frauen und Körpererfahrungen

Bevor ich noch weiter nach dem erstaunlichen Mißverhältnis Christentum − Körper fragen möchte, will ich zunächst die vielfältigen neuen Körpererfahrungen von Frauen beschreiben. Frau und Körper − Weib und Leib werden in unserer Kultur noch immer zusammengesehen. Die Frau ist demnach der Natur näher, der Mann dem Geist. Der Mann ist das Haupt, die Frau der Leib. Unsere Kultur bis hinein in unsere Bibel ist voll von diesen Bildern, die den Mann entleiben und die Frau enthaupten.[14] Doch Frauen haben sich inzwischen behauptet. Sie haben bewiesen, daß ihr Wille und Verstand genauso kompetent sind wie der der Männer und daß sie in Politik und Wissenschaft Gleichwertiges leisten. Doch ein neues Problem müssen wir wahrnehmen: die Entleibung der Frau.

Die zweite Frauenbewegung begann mit einer neuen Körpererfahrung von Frauen, mit der Erfahrung der physischen und institutionellen Gewalt, die Frauen an ihrem Körper erleiden und die sie plötzlich öffentlich zu artikulieren wagten: die physische Gewalt, die sich täglich in Vergewaltigung und sexueller Gewalt ereignet, und die institutionelle Gewalt, die Staatsgewalt, die Frauen mit den Gesetzen gegen Abtreibung das Recht auf Selbstbestimmung nimmt. In den letzten 10 Jahren sind neue Gewalterfahrungen, über die man und frau in der bürgerlichen

Gesellschaft stets schwieg, aufgezeigt: Das »bestgehütete Geheimnis«, der Inzest, ist von betroffenen Frauen in aller Welt beschrieben worden. Schon von Sigmund Freud erkannt, aber wegen seiner Brisanz in der Gesellschaft schnell wieder zugedeckt![15] Der Sextourismus in die Dritte Welt ist von ökumenischen Kreisen aufgegriffen und öffentlich gemacht worden. Vergewaltigung in der Ehe muß den Bundestag beschäftigen und verlangt nach neuer Gesetzgebung. Lesbische Frauen haben auf ihr Recht auf ihren Körper und seine Bedürfnisse aufmerksam gemacht und die sozialen Diskriminierungen, denen sie z. B. in bezug auf Wohnungssuche, Anerkennung ihrer gemeinschaftlichen Lebensform mit allen rechtlichen Konsequenzen unterliegen, beschrieben.[16] Die Pornographiedebatte hat zumindest den Blick für die öffentliche Belästigung von Frauen geschärft, für den Frauenkörper als WARE! Unsere Körper — so Robin Morgan — »werden von Männern definiert, besessen, mißhandelt, verschleiert, entblößt, mit Farbe besprüht oder als Metaphern benutzt«. »Unsere Körper werden objektiviert und zu männlichem Interesse vereinnahmt. Auch in bezug auf unseren Körper sind wir selbstlos.«[17] »Ich wollte meinen Körper umbringen, damit ich irgendwie nur mit meinem Gehirn weiterleben konnte«, schreibt eine von ihrem Vater vergewaltigte Frau. »Ich habe meinen Körper von mir getrennt und die Welt verlassen«, so eine Prostituierte.

Weiter ist zu beobachten, daß Psychoanalysen zeigen, wie früh schon bei Mädchen ein Mißverhältnis zu ihrem Körper einsetzen kann. Die franzöische Psychoanalytikerin Christiane Olivier beschreibt in ihrem Buch »Jokastes Kinder«[18] die Entwicklung von Jungen und Mädchen und stößt dabei auf das Phänomen eines tiefen weiblich-körperlichen Minderwertigkeitsgefühls: Während Jungen mit ihrem Körper von der andersgeschlechtlichen Mutter begehrt und geliebt werden, beginnt das gleichgeschlechtliche Mädchen sein Leben mit einer Körper-Geist-Spaltung: Es wird als Kind geliebt, wird aber als Mädchenkörper nicht begehrt. Es ist sexuell kein genügendes Objekt für seine Mutter. Es könnte es für den Vater sein, aber der moderne Vater ist meist

fern. Während der »Glanz im Auge der Mutter« auf den kleinen
Sohn fällt, entgeht diesen Untersuchungen nach den kleinen
Töchtern meist der Glanz und die Erotik, aus der sie heraus ihren
Körper für schön und begehrenswert halten. Ein Zuviel an Leere
und die Sehnsucht nach Fülle begleiten von da ab Mädchen auf
ihrem Lebensweg, und das kann zum Drama ihres Lebens werden. Das aus ihrem Lebensanfang stammende Unbefriedigtsein
tritt auch in ihren Liebesbeziehungen wieder auf. Frauen haben
es oft schwer, sich für ein gutes Liebesobjekt zu halten, auch
wenn ihr Partner es ihnen sagt.

Diese frühe Entfremdung der Frau von ihrem Körper, der sie
leer und hungrig auf die Suche nach Ganzheit bringt, verbindet
sich dann später mit konkreten, sozialen Erfahrungen von Zerrissensein zwischen unbezahlter Haus-Leibarbeit und Kopf-Berufs-
arbeit und verstärkt die ersten negativen Körpererfahrungen.

Zu fragen bleibt, ob nicht auch selbstbewußte Frauen, die sich
in ihrem Körper wohl fühlen, diesen »Glanz« auslösen können.

Auch unsere moderne Industriegesellschaft gibt dem weiblichen Körper keinen Raum und kein Recht: Vom sozialwissen-
schaftlichen Standpunkt aus (Irene Hardach-Pinke)[19] gibt es keinen authentischen Körper der Frau. Die moderne Industriegesellschaft verlangt Kontinuität, die der männliche Körper erfüllen
kann, da die Fruchtbarkeit des Mannes relativ konstant verläuft.
Die Fruchtbarkeit der Frau dagegen zeichnet sich durch Diskontinuität aus: Fruchtbarkeit, Unfruchtbarkeit, Schwangerschaften,
Stillzeiten. Veränderte Lebensbedingungen, geringere Kinder-
zahl haben in den letzten 200 Jahren noch zu einer veränderten
weiblichen Körpererfahrung geführt: vermehrte Regelblutungen
durch weniger Schwangerschaften und eine lange Zeit der
Unfruchtbarkeit nach der Menopause infolge höherer Lebenser-
wartung.

Zwischen den Bedürfnissen der Industrie und den weiblichen
Körperrhythmen klafft also ein gravierender Unterschied, der
technisch scheinbar bewältigt werden kann: Retortenbabies,
Hormonbehandlung usw. Zur Erfahrung personeller und staatli-
cher Macht ist damit die Erfahrung technischer Mächtigkeit

getreten. Der weibliche Körper soll am männlichen und seiner Kontinuität ausgerichtet werden. Frauenkörper sind dabei für Forscher ein faszinierendes Feld wissenschaftlicher Neugier geworden, die sich den Leidensdruck mancher Frauen, kinderlos zu sein, nutzbar macht.

Aber auch der weibliche Körper, in den nicht technisch eingegriffen wird, wird am männlichen Modell gemessen, und seine typische Diskontinuität fällt auf. Schwangerschaft gilt als Krise oder Ausnahmezustand, der »dicke Bauch« als unschön, und in ärztlichen Ratgebern wird Frauen empfohlen, diesen Ausnahmezustand zu kaschieren, um dem Mann zu gefallen. Gelüste, die in der Schwangerschaft entstehen, werden heute oft vertuscht.[20] Schwangerschaft war noch in den 50er Jahren Ausdruck des Stolzes. Soweit ich sehe, kam erst in den 60er Jahren die Rede vom »dicken Bauch« auf. Eine Selbstdiskriminierung von Frauen, die der wachsenden Integration von Frauen in den männlich bestimmten Produktionsprozeß entsprach — eine Begleiterscheinung des damaligen Wirtschaftswunders! Auch der Ausdruck »abspecken« — als ob wir uns zu Mastschweinen entwickeln mußten! — wurde seitdem zum Körper-verachtenden Slogan. Schönheitsideale vom schlanken, dynamischen Männer-Körper wurden prägend. Und auch die Mode ist bis heute Ausdruck dieses Körpergefühls: hautenge Jeans schnüren die normalen Körperformen ein, verhindern Ausweitung und Atmung des Körpers, so daß ihm kein Raum und kein Recht bleibt, sich auszudehnen.

Und schließlich zeigen unsere Körpersprache, unsere Bewegungen, wie eingeschränkt Frauen sind — wie beschränkt sie dabei werden können —, wie wenig Platz sie normalerweise beanspruchen und wie sie erzogen sind, sich nicht auszuweiten, sondern »zusammenzunehmen«.

Im Gegensatz zu diesem Körperverständnis, nach dem der Körper fremdbestimmt, verwaltet und vergewaltigt, ausgenutzt oder bedeutungslos ist, haben viele Frauen ein sehr eigenes, vitales und selbst-bewußtes Körperverhältnis entwickelt. »Our bodies, ourselves« haben Amerikanerinnen es genannt[21] und damit zum Ausdruck gebracht, daß wir im Körper *sind*, daß wir im Körper leben und erleben. Aus dem Slogan: »Mein Bauch gehört mir« ist inzwischen geworden: »Mein Körper bin ich« (Maria Mies). Die Scham ist abgetan, die Scham, im Leibe zu sein und die Mißachtung des Körpers zu verdrängen. Über den Körper kann gesprochen werden. Die erlittene negative Geschichte ist für viele Frauen zugleich zu einer positiven Geschichte geworden. Statt Anpassung an die Industriegesellschaft soll die »weibliche Biologie« wieder wahrgenommen, der weibliche Körper wieder angeeignet werden. Adrienne Rich hat von einer »weiblichen Quelle, kaum berührt und kaum verstanden« gesprochen. An Stelle des als zu oft ausbeutend erlebten Sex ist die Rede vom Eros, von der zwischenmenschlichen und Verhältnisse verändernden erotischen Macht getreten. Eine Kraft, die Kopf und Körper wieder zusammenbringt und nicht auf einen Körperteil beschränkt bleibt. Sie ist als »allgegenwärtige Energie« verstanden, die sich im Teilen und Mitteilen, in gemeinsamer Arbeit und Freude ausdrückt.

Auch Schwangerschaft kann wieder zu einer wichtigen Körpererfahrung werden. »Die schwangere Frau« — so Irene Hardach-Pinke — »ist gelebte Kritik an dem Ideal des mit sich selbst identischen Individuums«.[22] Sie teilt, und sie ist teilbare Existenz. Was heißt das für eine profitorientierte Gesellschaft?

Erlebbarer kann der Körper der Frau auch durch die Diskontinuitäten werden, denen er ausgesetzt ist: Menstruation, Schwangerschaft, Menopause und deren soziale Folgen. Erlebbarer wird er auch durch die wechselnde Mode, die lustvoll erlebt werden kann. Männliches Leibesleben ist dagegen viel monotoner. Irene Hardach-Pinke hat uns das Wort einer Abessinierin übermittelt: »Sein Leben und sein Körper sind immer gleich … er weiß nichts.« Die wohl auch vorhandenen männlichen Zyklen sind noch ein weithin unbekanntes Terrain.[23]

Frauen, die sich aus einer matriarchalen Spiritualität verstehen, sehen den Körper heute wieder als »sakral« an, die Lebensphasen als »heilig« (Starhawk) und versuchen, aus ihren Rhythmen wieder eine spirituelle Körper-Existenz zu leben.[24] Zaghaft kommen auch Stimmen aus anderen — mehr rationalen — Lagern von einem wünschbaren neuen, eigenen Verhältnis zu sich selbst, »zum eigenen Körper-Selbst und zu seinen Ausdrucksmöglichkeiten« (Brigitte Weisshaupt).[25]

Hier liegen allerdings wohl die größten Spannungen innerhalb der Frauen und der Frauenbewegung. Für viele ist der Körper zu lange abhängig und bis heute fremdbestimmt. Zu lange hing »Weib und Leib« zusammen, so daß nur eine radikale Absage an ihn Befreiung bringen kann. Zu unpolitisch scheinen Mütter- und Göttinnen-Körperkult für viele geworden zu sein. Zu belastend ist für viele die Mühsal mit einem sperrigen, den Industrie- und Leistungsnormen nicht willfährigen Körper. Simone de Beauvoir mit ihrer technischen Lösung der Reproduktion hat eine breite Anhängerinnenschaft gerade unter frauenbewußten Frauen. Sie sehen — wie die Französin Elisabeth Badinter — »einen imperialistischen Charakter« der körperlichen Organe und hoffen auf eine technische Weiterentwicklung unserer Kultur, um diesen Imperialismus abzubauen, »um den Körper unseren Wünschen zu unterwerfen«.[26] Es gibt nicht nur unter Männern eine unterschwellige Angst, sich auf den Körper festlegen zu lassen. Eine Aufklärungsphilosophie, die sich mit der Emanzipationsbewegung verbündet, die nur Gleichheitsideale von Mann und Frau auf ihre Fahne schreibt, hat immer noch Gewicht. Doch ob sich diese neue Art von Verdrängung, die sich vom gesellschaftlichen Gegner das Konzept vorschreiben läßt, durchsetzen wird, ist zu fragen.

Frauenrealität sieht wenigstens gegenwärtig so aus, daß — oft unbewußt — Körpererfahrungen ins Zentrum drängen: Beratungsstellen werden vornehmlich von Frauen aufgesucht, die sich ihrer Konflikte bewußter werden. Durch psychische und somatische Krankheiten machen vor allem Frauen auf sich und ihre ungelösten Probleme aufmerksam — weit eher als Männer, die durch ihre gesellschaftliche Position und ihre früh gelernten Verdrängungsmechanismen sich die Konflikte »vom Leibe« halten. Der Psychoanalytiker Horst Eberhard Richter beobachtet, daß Frauen mehr auf ihren Körper achten und die Krankheitssymptome eher wahrnehmen als Männer. Durch ihre Körper sind sie deshalb auch sensibler für die Bedrohungen von Atomrüstung, Kernenergie und Umweltzerstörung geworden.

Wenn in unserer Sprache Leib und Leben nicht nur zusammen gebraucht werden, sondern auch sprachlich zusammengehören, so ist mit den unterschiedlichen Körpererfahrungen heutiger Frauen angezeigt, daß der Körper ein Seismograph ist, das Leben bedroht ist und Christen sich Leib- und Lebens-Fragen zu stellen haben. Denn was leiblos ist, ist nicht nur leblos, sondern auch lieblos.

Kontainer-Körper

Zugleich stellt sich für mich auch die Frage nach dem Körper des Mannes. Vom Frauenkörper fällt auch ein neuer Blick auf den männlichen Körper: als andersgeschlechtlicher Körper wird er früh von der Mutter geliebt, bewundert, begehrt. Jungen haben auf Grund dessen stets einen Vorteil vor Mädchen an Selbstsicherheit und Selbstbewußtsein. Auf der anderen Seite muß der Junge sehr bald die emotionalen Bereiche, die Mutter, Weibliches verdrängen, rationale und willensmäßige Fähigkeiten entwickeln und in sich selbst Herrschaft aufrichten. Wie können aber Menschen gegen Gewalt sein, wenn sie sich selbst Gewalt antun?

Unsere gängigen abendländischen Leib-Körper-Metaphern spiegeln diesen Prozeß wider: sie sind Kontainervorstellungen, die dieses Bemühen um Sicherheit ausdrücken.[27] Der Leib ist als Schale, Hülle, Haus, Tempel (Paulus), Gefängnis (Plato), Maschine (Descartes), Instrument, Vehikel (Merleau-Ponty) verstanden: Manche dieser »Kontainer« haben noch etwas von der Lebendigkeit des Leibes bewahrt, z. B. die Tempelvorstellung. Aber sie sind alle anfällig, mehr Starrheit als Festigkeit, mehr Förmlichkeit als Form, mehr Panzer als Stabilität zu verkörpern. Sie kennen ein Ich, aber kein Du und kein Es, keine Sozialität und kein Umfeld. Sie sind Ausdruck männlicher Individuation, die auch von Frauen zuweilen erfolgreich kopiert wurde. Was dem

23

männlichen Menschen Leben gab, ihn dann aber bedrängte und zu überfluten schien, das mußte er in Form bringen, später in Uniformen, mußte es panzern und hart machen, technisch und heute medizintechnisch bewältigen, mußte es dienstbar machen und funktionsfähig erhalten. Und in den Körper der Frau projizierte er seine Sehnsucht nach Schönheit, Lebendigkeit und Körperlichkeit und zugleich seine Ängste davor.

Auf einer Männertagung in der Evangelischen Akademie Tutzing stellten Männer selbst zusammen, wie sie sich erleben:

»Mann sein ist wie ...
ein Tanz mit Gewichten an Armen und Beinen,
eine Kokosnuß: außen hart, innen weich,
ein See, in dem eine unentschärfte Bombe aus dem 2. Weltkrieg liegt,
eine Tür, die schwer aufgeht und niemand weiß, was dahinter ist,
eine Ritterrüstung,
ein Hamster im Laufstall.«

Wo wird dieser Körper heute wahrgenommen in seiner bewußt gewordenen Gewalttätigkeit und öffentlichen Mächtigkeit, in seiner Sehn-Sucht nach Sexualleistung und Dienstleistung? Und – als Kehrseite dessen – in seiner Unsicherheit, Angst und seinen Verdrängungs- und Beherrschungsmechanismen? Etwa in der Kirche, die bisher selten ihre männlichen Machtstrukturen hinterfragt hat? Ich sehe kaum Ansätze dazu. Etwa in der Theologie, die, tiefer als wir meinen, von männlichen Gottesbildern geprägt ist? Gottesbilder, in denen männliche Theologen ihre eigenen Wunschbilder von der Dominanz von Wille und Verstand pflegten und Leiblichkeit und Beziehung darüber vergaßen, sie der Frau überließen und sie dann abwerteten?[28] Vom Körper der Frau ausgehend, stoßen wir in Kirche und Theologie, in Ethik und Dogmatik auf Widersprüche, die mir die Kirche als den Leib Christi fragwürdig machen. Vom Körper der Frau ausgehend, müssen wir das in allen Kirchengemeinschaften gepflegte Ziel, die Menschwerdung des Menschen, neu überprüfen. Die Enthauptung der Frau und die Entleibung des Mannes müßte eine leibbezogene Theologie herausfordern. Wie kann diese Menschwerdung heute stattfinden?

Flucht aus dem Körper

Ich möchte zunächst einen Blick in unsere Tradition werfen: Durchs abendländische Christentum geht ein fataler und tragischer Zug: die Scham, im Leibe zu sein. Sie steht im kaum begreifbaren Widerspruch zur Kirche, die sich zur Menschwerdung Gottes bekennt. Schon Friedrich Nietzsche hat ironisch bemerkt, daß von einer so fundamentalen Theologie der leibhaftigen Inkarnation und einer Auferstehung des Leibes nur ein »Gott als Krankengott, Gott als Spinne, Gott als Geist« übriggeblieben sei.[29] Doch die Angst vor Trieben und Begierden, deren Sitz im Leib geglaubt wurde, und das Ideal der körperfernen Leidenschaftslosigkeit durchzieht und reguliert unsere theologische Tradition.

Die Scham, im Leibe zu sein, ist allerdings keineswegs genuin christlich.[30] Die Wurzel des Christentums, das Alte Testament, kennt sie nicht. Das hebräische Denken weiß von keiner strengen Unterscheidung von Leib und Seele. Der Hauch Gottes, seine Schöpferkraft, macht Leib und Seele, Seele oder Leib lebendig. Auch verläßt die Seele beim Tod des Menschen nicht den Leib. Beide: Leib und Seele verlieren dabei ihr Leben. Leib ist »Fleisch« und kann wie »Seele« die ganze Persönlichkeit ausdrücken. Die Scham, im Leibe zu sein, hat sich aus hellenistisch-dualistischem Denken entwickelt, das Geist und Natur, Seele und Leib als Gegensätze faßte. Bei Plato ist der Leib das Übel, in das die Seele eingesperrt ist, wie die Auster in ihre Schale. Die Vernunft leitet, der Leib gehorcht.[31]

Auf der anderen Seite hat die christliche Kirche sich stets gegen die Gnosis und deren Leibfremdheit, Leibfeindlichkeit

abgesetzt, und in der gegenwärtig aufgedeckten Konfliktge-
schichte von Leib und Seele spielt das Christentum mit seinem
»Vorwissen vom Naturverbund zwischen Leib und Seele« in der
Erwartung der Auferstehung beider keine schlechte Rolle.[32] Doch
die Leibvorstellungen, die Christen entwickelten, bezogen sich auf
den Mann und den männlichen Körper. Frühchristlichen
Schriften nach mußte Frau erst Mann werden, um ins Himmelreich einzugehen. Die Vielfalt und Besonderheit des weiblichen
Körpers wurden nicht gesehen. Das männliche Körperideal mit
seinen Verdrängungen dominierte.

Die Seele liegt im Krieg mit dem Körper — diese platonisch-
augustinische Selbst- und Weltsicht ist für die christliche Gesellschaft prägend geworden, und sie hat alle immer wieder auftauchenden leibfreundlichen Versuche zurückgedrängt. Die Seele
liebt den Körper — diese Sicht Meister Eckharts, mancher Mysti-
ker und Humanisten, auch ostkirchlicher Theologen blieb stets
eine Außenseiter- und Antibewegung. Sie entsprach auch nicht
dem gesellschaftlichen und menschlichen Ideal, das in der christlichen Staatskirche und in der abendländischen Gesellschaft wichtig
wurde: das Ideal des beherrschten, auf Wille und Verstand
konzentrierten männlichen Menschen, dessen Selbstbeherr-
schung zugleich Weltbeherrschung versprach. Der Beherrschung
des Körpers, seiner Triebe, Lüste, Leidenschaften, Bedürfnisse
entsprach die staatspolitische abendländische Aufgabe, die niederen, heidnischen, unterentwickelten, dumpfen Völker zu christia-
nisieren und zu unterwerfen. Georg der Drachentöter, das der
konstantinischen Staatsmythologie vom Sieg über den Drachen
entnommene Symbol, wurde — bis heute sichtbar — zum Ideal des
herrschenden Mannes und der zu beherrschenden Welt: der Ritter
gegen Tod und Teufel, der gerüstet, gestiefelt und gespornt sich
selbst nicht mehr wahrnimmt und die Jungfrau und das jungfräu-
liche Land wieder zum Besitzen frei macht.

Der Weg dazu ist vielerlei Askese, wie sie auch heute wieder
modern wird. Fasten z. B. war ein wichtiges Mittel, den leiden-
schaftslosen Zustand zu erreichen, denn wie der Kirchenvater
Chrysostomus sagt, zähmt Fasten die Wollust, besänftigt das

cholerische Temperament, macht den Körper geschmeidig und verjagt nächtliche Träume. Und der Abt Trithemius von Sponheim faßt es knapper: »Die Enthaltsamkeit von Speisen reinigt das Gemüt, schmückt die Seele mit Tugend und heilt das sündige Körperlein.«[33]

Die Ewigkeitserwartungen der Christenheit sind − vielleicht bis heute − von solchen asexuellen Erwartungen geprägt. »Das menschliche Wesen«, so Gregor von Nyssa, »legt im Tod all jenes seltsame Äußere ab, das es durch leidenschaftliche Neigungen angenommen hat.« Zu diesem seltsamen Äußeren gehören »Geschlechtsverkehr, Empfängnis, Gebären, Unreinheit, Säugen, Nähren, Stuhlgang, graduelles Heranwachsen zur vollen Größe, Fülle des Lebens, Alter, Krankheit und Tod«. Dieses naturhafte Leben wird ersetzt durch eine »spirituelle und leidenschaftslose Existenz«.[34] Die Auferstehungswelt ist dann − wie auch die ursprüngliche Schöpfung nach Augustin − ein von der Libido gereinigter Kosmos, in der es zwar Frauen und Männer gibt, aber gereinigt von ihren Trieben und als spirituelle Leiber. Auferstehung des Leibes − welche geistig-geistlichen Verdrängungen mögen da mitgedacht sein!

Zum Idealbild des beherrschten Christen gehört nun auch die Beherrschung der Frau. Denn ihr Körper ist es vornehmlich, in dem solche naturhaften und scheinbar dem Geiste widrigen Abläufe wie Empfängnis, Gebären, Säugen sich vollziehen. Der eigene, widerspenstige und zu zähmende Körper wird nun exemplarisch im Körper der Frau wiederentdeckt. Die eigene Körperfeindlichkeit wird zur Frauenfeindlichkeit. Der eigene Selbsthaß wird zum Frauenhaß, − ein unentrinnbarer Zirkel, der sich bis in die Gegenwart fortsetzt, und aus dem eine christliche Hoffnung auf ein realitätsfernes christliches Eschaton, in dem die Geschlechtlichkeit aufgehoben ist, resultiert. Die immense Arbeit, die das moderne Europa auf den Schultern des Christentums übernommen hat, zielte − so Rudolf zur Lippe − auf die Überwindung des Todes und des Geschlechts.[35] Die Erlösung von der Natur, die Weg und Hoffnung war, verstellte damit aktuelle, reale Befreiungsversuche bis heute.

Auch die bis heute von Frauenbewegungen so gern benutzte paulinische Vision, daß es in Christus weder Juden noch Griechen, weder Knechte noch Freie, weder Mann *und* Frau gibt (Gal 3,28) zielt auf eine Auflösung der Geschlechter. Sie bezieht sich auf die Schöpfungsordnung (1. Mose 1,27 f.) und hebt diese auf. Am Ende — so müssen wir es uns vorstellen — sind wir triebbefreit und geschlechtslos. Eine saubere Sache, aber doch eine total reizlose Perspektive.

Die Flucht vor dem eigenen Körper und das Festschreiben der Angst im Körper der Frau durchzieht das christliche Abendland, bringt uns die Hexenverfolgung, formt seine Theologie bis hinein in feine Verästelungen wie Trinitätslehre und Eschatologie. Auch wenn heute gezeigt werden kann, daß die kirchliche Theologie, z. B. die von Augustin, nicht als simple Dichotomisierung in eine sinnlich böse und eine ideale gute Welt anzusehen ist, sondern dem Manichäismus der Kampf angesagt wurde, so blieb doch das »Weibliche, blieben Sinnlichkeit und Materialität gegenüber dem Schönen, Wahren und Guten in der Defensive« (Hermann Häring).[36]

Der protestantische Dienstleib

Die Scham, im Leibe zu sein und einen Körper zu haben, wurde zugleich und zunehmend kompensiert durch die Erkenntnis von der Nutzbarkeit des Körpers. Die Peinlichkeit wurde durch die Nützlichkeit ersetzt. Hier sehe ich eine Entwicklung, die später vor allem in den protestantischen Kirchen zum Zuge kam und die uns den protestantischen Dienstleib bescherte.

An einer protestantischen Leib- und Paulusauslegung möchte ich diesen Trend deutlich machen: Bei Paulus gibt es das Bild vom Leib und den Gliedern des Leibes (Röm 6,7.12; 1 Kor 6,12). Es ist *ein* Bild, das aber verschiedene Akzente bekommen kann: den Leib *oder* die Glieder. Aus der Sicht Eduard Schweizers versteht nun »der Mensch sich selbst als lebenden Leib zunächst im Funktionieren seiner Glieder«. »Soma« (griechisch: Leib) ist der Körper, »über den er gewissermaßen stolpert, d. h. der Körper als ein Ding, das in der Außenwelt vorfindlich ist ...«[37] Entscheidend für den Protestanten Schweizer ist m. E., daß er sich selbst im Funktionieren seiner Glieder erlebt und über das geschlossene Bild des Leibes »*stolpert*«. Der Leib ist aber − so das ThWNT − als geschlossener Mikrokosmos gedacht − in Anlehnung an griechische Vorstellungen. Den Interpreten nach verlegt Paulus nun den Ton auf das gegenseitige Dienen, das die »Abgeschlossenheit des Individuums« aufbricht. Und man folgert: »Nie interessiert sich Paulus für Aussehen, Fähigkeiten, Charakter, immer nur für das Tun des Leibes und das Geschehen mit ihm.« Unverhohlen scheint mir das persönliche Interesse der Interpreten an diesem Tun, an der Funktion der Glieder zu sein. Doch damit wird dem Leib selbst jede Bedeutung genommen. Indem die Funktion der Glieder nun so entscheidend wurde, geriet − m. E. − eine spezifisch männliche Vorstellungswelt ins Zentrum christlichen Denkens. Männliche Leiberfahrung scheint an Funktion und Arbeitsfähigkeit, also an der Außenwirkung interessiert. *Das* Glied, die Glieder in ihrer Leistungsfähigkeit konnten so trauriger Ausdruck engen männlichen Selbst- und Lebensgefühls im sexualethischen und sozialethischen Bereich werden!

»The Working Body of Christ«[38] wurde − im Kontrast zum katholischen mystischen Leib Christi − zur charakteristischen Ausdrucksweise einer protestantischen Kirche, die vom Mysterium des Leibes Christi nichts mehr wissen wollte. Das protestantische Körperinteresse verlagerte sich dafür später in Fremd-Körper: Volkskörper, Armeekorps, Freikorps, Korporationen, Lehrkörper, Körperschaften, in denen »Reinheit«, konkrete Beziehungen, Sicherheit und Geschlossenheit gesucht wurde.[39]

Soweit zu beobachten ist, konzentriert sich die Frauenerfahrung, einen Leib zu haben, auf die Gesamtheit des Körpers und auf das Zentrum des Leibes. Sie ist mehr nach innen als nach außen gekehrt. Sie weiß um die Rhythmen des Leibes, um Schwangersein, Gebären, Teilbarkeit des Körpers, die den ganzen weiblichen Menschen erfassen. Schon in den neutestamentlichen

Heilsgeschichten wird m. E. diese Unterscheidung sichtbar. Die acht erzählten Frauenheilungsgeschichten betreffen stets den ganzen Menschen. Die geschilderten Krankheiten haben das Innere der Menschen erfaßt, gehen von innen nach außen: vier Geisteskrankheiten: Maria Magdalena, Susanna, Johanna, die Tochter der kanaanäischen Frau. Eine Fieberkranke (die Schwiegermutter des Petrus), eine Rückenkranke, eine Gebärmutterkranke. Ist es Zufall, daß nur bei Männern äußere Organe krank sind und geheilt werden? Das Ohr, der lahme Arm, die gichtbrüchigen Beine, die blinden Augen? Auch diese Heilungen betreffen den ganzen Körper, aber sie lassen sich zunächst außen festmachen. Wichtig scheint mir auch schon die Sicht des Lukas für diesen männlich/weiblichen Unterschied zu sein. Er erzählt zwei parallele Sabbath-Heilungsgeschichten in der Synagoge: die Heilung der lahmen Hand des Mannes (Lk 6) und als Parallele die Heilung der gekrümmten Frau (Lk 13). Wenn Frauen- und Männergruppen diese Heilungen physisch nachzuvollziehen versuchen, sind die Männer merkwürdig oberflächlich betroffen, während Frauen ihre ganze Existenz nacherleben: Ihr Zentrum ist krank und wird heil. Vom wiederfunktionierenden Arm auf den ganzen Menschen zu schließen, fällt Männern viel schwerer. Über die Glieder des Leibes zum Leib zurückzukehren, scheint kaum zu gelingen.

Wir haben es hier mit tief verankerten psychosozialen Erfahrungsmustern zu tun, die nicht einfach vom Tisch zu wischen sind und die wir nach dem Sinn befragen sollten. Ob diese scheinbar sehr alte Sichtweise nicht schon Tor und Tür für eine Art Frauenherabsetzung mit einschließt, ob sie nicht eine patriarchalische Sichtweise vom »Binnenraum« der Frau befördert hat, wie sie bis in unsere Tage bei Buytendijk zu finden ist, mag zu fragen sein. Auf jeden Fall scheint mir eins deutlich: Das neutestamentliche Leib-Denken verlagerte sich zunehmend auf die Glieder des Leibes, damit auf das Funktionieren des Leibes, auf seinen Dienstcharakter, auf eine männliche Sichtweise. Eine andere Erfahrungsweise vom Leib mußte sich ausschließen.

Zugleich geriet der Leib in die Funktion, dem Geist dienstbar zu sein. Er mußte seinen Wert nachweisen, und das wurde – gemessen an der Realität – zunehmend ein Alptraum, auch wenn es ein Wunsch-Traum blieb. So träumt man dann wie der Stuttgarter Stadtpfarrer vom geistlichen Leib, der den nicht voll befriedigend funktionierenden irdischen Leib einmal ersetzen soll:» ... der ›geistliche Leib‹ dient dem Geist als gänzlich reiner, durch keine Schwächung oder Verirrung getrübter Spiegel ... und außerdem wird er ein völlig zu jedem Dienst geeignetes, nie in seiner Leistungsfähigkeit herabgemindertes Werkzeug des Geistes sein.«[40]

Ist dies ein Nebenprodukt schwäbischen Fleißes oder protestantischer Leistungsethik? Zumindest haben wir es hier mit einem sich entleerenden Bewußtsein des Leibes zu tun. Der Leib in seiner Schönheit, Vielfalt, Lebendigkeit und Kreativität war zu einem Dienstleistungskörper herabgesunken. Und was er jetzt nicht leisten konnte, das erwartete man von ihm in der Ewigkeit. Die asexuelle katholische Eschatologie wurde von einem protestantischen Leistungshimmel abgelöst, der den Leib zwar nicht mehr spiritualisierte und idealisierte, ihn aber komplett ausnutzte. Die Leiberfahrungen der Frauen, die z. B. im Mittelalter Hildegard von Bingen und in der Neuzeit Antonia von Württemberg einbringen konnten (s. u.), wurden übersehen. Frauenkörper wurden potenzierte Dienstleiber.

Die Scham war abgetan, aber dafür war die Kontrolle aufgerichtet. Der Leib diente nun, die Seele regierte – so ein von Karl Barth gebrauchtes Bild, das er auch für das Verhältnis Frau-Mann benutzte. Der Leib ist das »Dominium«[41], das gebraucht wird, über das verfügt wird. Das patriarchal-protestantische Herrschaftsmuster hatte letzten Endes hebräisches und urchristliches Denken verdrängt.

Dies hatte Folgen nicht nur für die Persönlichkeitsstruktur, sondern auch für die Gesellschaft. Die Historikerin Doris Kaufmann hat in einer Untersuchung über »Ehe, Sexualreform und Bevölkerungspolitik in den zwanziger Jahren« gezeigt, daß in den aufkommenden Fragen nach einer Eugenik gerade Protestanten eine besondere Unsicherheit gegenüber den Fragen von Leiblichkeit entwickelten. Sie paßten sich den Vorstellungen vom kranken, vergifteten, faulenden Volkskörper an, der nur durch eine saubere Sexualethik geheilt werden könnte. Nicht die Frage nach »Heil oder Ewigkeit« (Kaufmann), sondern der Zustand des »Gattungs- bzw. Gesellschaftskörpers« bestimmten die sexualethischen Fragen. Gesundheit, Sauberkeit, notfalls die »Entfernung von Körperteilen, die Schaden anrichten«, sind die Ideale, aus denen dann letztlich die Befürwortung der Eugenik folgt. Der saubere Volkskörper wurde zum Maßstab sauberer Leiblichkeit.[42] Man projizierte seine Ideale und Ängste in das Volk. Das Volk wurde zur Verkörperung des Unbewußten. Die Scham, im Leibe zu sein, wurde zur deutschen Scham über die zwanziger Jahre. Diese Scham geriet dann schließlich zur politischen Schande, da sie dem faschistischen Denken Tor und Tür öffnete.

Wenn wir anhand der Leib-Vorstellungen kritisch zurückfragen nach den Wurzeln unserer Männerkirche, stoßen wir auch auf das gängige Abendmahlsverständnis: Hat nicht dieser dienstbereite Leib auch schon Pate gestanden in der Interpretation der Jesusgeschichte? Die Leiblichkeit und Lebendigkeit Jesu wurde seltsam und bald vertuscht. Sein Weinen und Stöhnen, sein Wohlsein und seine Beziehungen sind im Lauf der Evangelienentwicklung verdrängt worden. Seine Leiblichkeit wurde zu einem »Dienstleib«, wurde nur noch in Person und Werk, nicht aber mehr in seinen Beziehungen gesehen, die Grundlage aller Menschlichkeit sind.[43] »Dies ist mein Leib« — die Abendmahlsformel läßt uns heute nicht mehr an diesen ganzen Menschen Jesus, an sein lebendiges Dasein, seine Beziehungen und Erfahrungen denken, sondern nur noch an sein Werk: seinen Tod und seine Auferstehung. Das Abendmahl wurde leiblos, wurde zu einem Sünder-, Sünden- und Trauermahl.

Die Leiblosigkeit protestantischen Christentums hat zwar aus den eigenen Reihen immer wieder Proteste hervorgebracht. Z. B. versuchten Friedrich Christoph Oetinger im 18. Jahrhundert, die Blumhardts im 19. Jahrhundert, Wilhelm Stählin in diesem Jahrhundert »die verhängnisvolle Scheidung von Seele und Körper und jene(r) alleinige(n) Wertung des Seelisch-Innerlichen« (Stählin) bewußtzumachen und die »leibhafte Seite des Christusereignisses« wieder hervorzukehren.[44] Doch sie blieben einsame Vögel auf den Kirchendächern, z. T. angefeindet und der Irrlehre verdächtigt. Sie blieben aber alle auch ihrer männlichen Existenz verhaftet. Sie blickten nicht auf die andere Hälfte der Menschheit und deren unterschiedliche Leib- und Lebenserfahrungen. Die Menschwerdung Christi war für sie Mannwerdung Christi – ohne daß sie sich dessen bewußt waren. Sie sahen nur sich, und sie machten damit androzentrische Theologiegeschichte. Auch die Ostkirche, die in vielen Vertretern mehr von den frühchristlichen substantiellen Heilsvorstellungen, von physischen, pharmazeutischen Heilsaussagen bewahrt hat, bis hin zu einem »Theomaterialismus« (Paul Evdokimov)[45], integrierte keine weiblichen Leib-Körper-Erfahrungen. Wo heute die Einsichten in psychosomatische und kosmische Verknüpfungen zu christlichem Heilverständnis wachsen, sieht man allerdings kaum die weibliche Wirklichkeit.[46] Wo man sie sieht, geschieht dies bisher nur am Rande der Theologie.[47] Im Fall Matthew Fox wurde eine ganzheitliche, kosmische und feministische Sichtweise eines Dominikaners mit Bußschweigen belegt.[48]

Gott und Körper stoßen sich in der Christenheit im Raum. Sie stoßen sich am Frauenkörper im Altarraum der orthodoxen Kirchen. Sie stoßen sich am Frauenkörper in der katholischen Eucharistie. Sie stoßen sich in den protestantischen Kirchen, wo man die Aufklärung im Kopf vollzog und den Körper zum Dienst und zur Projektion seiner Ängste und Sehnsüchte mißbrauchte. Wo ist die Fleischwerdung Gottes geblieben?

Einer der wenigen mit einem Gespür für die Körperlosigkeit unserer gesamten christlichen Kultur, der einen neuen Ansatz zu wagen scheint, ist der lateinamerikanische Befreiungstheologe Rubem Alves. »Merkwürdig«, schreibt er, »um zu beten, schließen wir die Augen. Angst vor dem Körper? Flüchten wir vor dem Körper? Wir schließen die Augen und blicken nach innen – auf der Suche nach einem Geist. Aber der Geist Gottes steckt in den Dingen, in den Körpern, in der Schöpfung, und vor allem im Lächeln und im Weinen der Kinder und der Leidenden ... Ich glaube an die Auferstehung des Leibes. Körper für immer; Antlitz des Geistes.«[49] Alves hat die Beziehung von Gott zum Körper, die Anwesenheit Gottes im Körper, in den Körpern wie in der Hostie wieder aufgedeckt: »Körper, Heiligtum, Altar, Hostie«. Doch indem er daraus zu Konsequenzen aufruft, für einen verantwortlichen Umgang mit der Natur, für die Behandlung Gefangener, Ausländer, ethnischer Minderheiten, hat er eins vergessen: den ausgenutzten, vergessenen Körper der Frau. Er hat das gegenwärtige Problem unserer zerstörten Gottesbeziehung gesehen, aber ist doch haarscharf an ihm vorbeigeglitten wie viele Befreiungstheologen. Wenn z. B. Johann Baptist Metz von »Leib« spricht, meint er den Gesellschaftsleib, doch der Leib der Frau taucht bei ihm nicht auf. Nur wenn wir dort wieder ansetzen, wo die Zerstörung einmal begann, an der konkreten Gestalt der Frau, an ihrem Bild und Symbol, können wir wieder im Körper Gott entdecken. Hier ist der konkrete Ort der Destruktion, an dem exemplarisch uns auch die Frage nach unserer Beteiligung an Gewalt und Naturzerstörung gestellt wird.

2. Rückkehr in den Körper

Überlebensmodelle

Die Frage ist, wie Frauen mit diesen Ansichten umgingen, die sie zu Mustern und Monstern von Angst oder zum Nichts machten und sie erniedrigten. Denn Frauen gehörten stets zu den treuesten Gliedern der Kirche. Viele von ihnen hatten die jesuanischen Visionen von der Gleichheit aller Menschen internalisiert und warteten auf deren Erfüllung. Ich sehe drei Möglichkeiten in der Geschichte, die sich auch in der Gegenwart wiederholen.

1. Die meisten Frauen paßten sich dem Ideal der Männlichkeit als Hochform menschlichen Lebens an. Ein Ziel, das bis heute in der Kirche vorherrscht. Schon in den apokryphen Evangelien taucht der Gedanke auf, daß Frau erst Mann werden müßte, um ins Himmelreich einzugehen. Die frühen Asketinnen eiferten männlichem Aussehen und männlicher Haartracht nach.[50] Als Frauen in diesem Jahrhundert wieder wichtige Aufgaben in der Kirche übernehmen sollten, hieß ein Buchtitel: »Der Dienst der Frau in der Jungmannschaft der Kirche Christi«. »Laß ein Mann mich werden ...«, sangen evangelische Mädchenkreise in den dreißiger Jahren:

»Laß ein Mann mich werden, der voll Zucht und Art,
stark und rein auf Erden, Leib und Seel bewahrt.
Laß ein Mann mich werden, immer jugendlich,
weil die Kraft der Erden ist geweiht durch dich.«

Frau-sein war seltsam abseitig. Je größer die Möglichkeit wurde, sich dem patriarchalen Corpus einzugliedern, desto geringer wurde die Beziehung zum eigenen Körper. Wie »Leib« gehörte Weib zu den aufgebbaren Werten. »Nehmen sie den Leib, Gut, Ehr, Kind und Weib« – so lobten Frauen und Männer jahrhundertelang ihren männlichen Gott, ohne daß eine Frau dabei sichtbar zusammengezuckt wäre. Möglich war dies wohl nur durch eine tief verinnerlichte Scham vor dem Leib, der sich in der Frau verkörperte und die sie sich selbst besser vergessen ließ.

2. Frauen suchten ein Stück Identität und Weiblichkeit in Gottesbildern zu bewahren. Julian von Norwich betete zu »Gott unsere Mutter«, wie Frauen bis heute Vater/Mutter-Unser oder weibliche Glaubensbekenntnisse formulieren. Sie versuchten, wenn sie theologisch gebildet waren, den trinitarischen Männerbildern weibliche Verhaltensweisen zuzuordnen wie Hildegard von Bingen.[51] Sie malten oder ließen Gott und Geist in weiblicher Gestalt malen (Teinach s. u., Mindelheim-Bayern).

3. Frauen identifizierten — und identifizieren bis heute — ihren ohnmächtigen, erniedrigten, ausgelieferten Leib mit dem gekreuzigten Leib Christi.

Aus der mittelalterlichen christlichen Untergrundkultur hat sich bis heute ein Bild erhalten, das wir erst jetzt wieder begreifen: das Bild der gekreuzigten Frau. Es wird in der offiziellen Kunst bis heute als ungewöhnlich und peinlich empfunden. Moderne Künstler, die Ähnliches darstellen, geraten mit christlichen Staatsreligionen in Konflikt. Dies Bild stellt wohl das spezielle Leiden der Frauen in einer patriarchalen Gesellschaft dar. Der Ursprungslegende nach wollte ein Vater seine Tochter an einen heidnischen Mann verheiraten, was diese hintertrieb und deshalb zur Strafe gekreuzigt wurde. Eine weibliche Kreuzestheologie, die die eigene Leidensgeschichte von Frauen ohne Scham erzählt, von Frauen, die so kühn waren, ihre Leiden in Parallele zu den Leiden Jesu zu sehen. Sie erzählten und überlieferten die Christusgeschichte als ihre eigene Geschichte, ohne sich der Tradition unterzuordnen oder sich anzupassen.

Körperräume

Aus allem bisher Gesagten wird deutlich, daß wir nicht zuviel zu erwarten haben von einer Tradition, die von dem Lebens- und Denkmuster von der Herrschaft des Geistes über die Natur, des Verstandes über den Leib und des Mannes über die Frau geprägt ist, und in der wir als eigenständige Menschen übersehen sind. Aber zugleich wird dabei auch etwas Befreiendes deutlich: Wir müssen uns selbst auf den Weg machen. Wir müssen »auf eigenen Beinen stehen, mit eigenen Augen sehen und Lust empfinden«. Lust vor allem am eigenen Körper. Doch die Lust scheint sich noch in Grenzen zu halten. Außer der bekannten großen medizinischen Darstellung: »Unser Körper — Unser Leben«, der schon in der Einleitung erwähnten: »Geschichte unter der Haut« von Barbara Duden, außer der Proklamation von der Sakralität unseres Körpers und den vielen Hinweisen, daß wir uns unseren Körper und unsere Sexualität neu aneignen müßten, fehlen zusammenhängende Darstellungen von Frauen. Wie können wir wieder zu einem positiven Verhältnis zu unserem Körper und zu seinen Ausdrucksformen kommen? Wo gibt es heute Ansätze dazu? Wie können wir in einer Körper-verachtenden Gesellschaft einen Körper-freundlichen Gegenkurs zu steuern beginnen, ohne in religiösen Nischen uns von der Umwelt abzuschotten?

Es genügt heute nicht mehr, auf die Gleichung Leiblichkeit = Weiblichkeit zu starren, sich davon abzugrenzen und in Gnosis und Bewußtseinsveränderung Auswege zu suchen, Auswege auch aus sich selbst. Es wird auf Dauer auch nicht hilfreich sein, auf Gesellschaftsanalysen fixiert zu bleiben, ohne die Querverbindungen, die Ausbruchmöglichkeiten, die in allen lebenden Systemen sind, zu entdecken und zu probieren. Es wird stets vordringlich bleiben, sich gegen die Festlegung der Frauen auf Empfangen, Gebären, Beziehungsarbeit und Empathie zu wehren, die in uns und in unserer Gesellschaft tief verinnerlicht ist. Aber zugleich wird es ebenso wichtig werden, die Gleichheitszeichen zwischen Weiblichkeit und Leiblichkeit zu streichen, um wieder Leiblichkeit und Körper zu entdecken, als sozialen Ort, als kaum wahrgenommene Materie und als unentdeckte Quelle von Energien, als Mikrokosmos im Makrokosmos. Es wird auf Dauer wichtig sein, daß Frauen ihren Körper wieder lieben, akzeptieren mit allen seinen unausgeschöpften Möglichkeiten. Und es wird ebenso nötig sein, daß Männer ihre Kontainer- und Dienstleiber auf eigene Art befreien. Und es wird ein Abenteuer sein, wie wir miteinander mit den alten und neuen Körperbildern leben werden.

In der Frauenbewegung gibt es die Erfahrung und die Vorstellung vom Raum, von neuen Räumen, die Frauen brauchen.[52] Sie sind oft als Gesellschafts- und Lebensräume gedacht, da Frauenräume im Lauf der Geschichte immer mehr zusammengeschrumpft sind zu »Binnenräumen« (Buytendijk) und zum engen Bereich der Sozialwohnung (Ursula Pfäfflin). Einen Raum für sich selbst wünschte sich Virginia Woolf. Raum und Zeit für

Musik, auch wenn andern damit Raum und Zeit genommen wird, fordert heute Christina Thürmer-Rohr. »Aufbruch zu neuen Räumen« will die Theologin Doris Strahm. Raum als »Bezugssystem zwischen Frauen« und als Machtbasis in jeder Institution erwartet Barbara Köster.

Was die neuen Räume sind, bleibt oft unklar. Anfänglich waren es Schonräume für Frauen. Sind es heute Sphärenräume, Flugräume oder Fluchträume, Welträume, in die wir abheben von der Wirklichkeit? Ich selbst stelle mir lieber einen Körper-Raum vor, den wir ausfüllen. Unser Körper *ist* ein Raum, nur zusammengeschrumpft oder nicht wahrgenommen, unausgefüllt und nicht weit gemacht. Unser Körper *braucht* zugleich einen Raum, in den hinein er sich ausdehnen kann. Körperräume sind konkrete Möglichkeiten in unserer Gesellschaft, mit denen wir zeigen, daß wir *da* sind, und die auf Dauer verändernd wirken müssen. Was wir einnehmen, kann uns nicht mehr weggenommen werden. Solche Körperräume sind auch nicht nur Frauenräume. Sie können auch Räume für beide Geschlechter und ihre deformierten oder aufgeblähten Körper werden. Drei solcher von Frauen aufgezeigten Körpererkenntnisse sind mir wichtig, die auf neue konkrete Lebensräume weisen, Räume für das Kostbarste und das Bedrohteste, was wir haben, für unsere Körper, unser Selbst, unser Leben.

1. Der Körper ist kein Leistungsorgan, weder im Bereich Sexualität noch im Bereich Nächstenliebe, sondern der Ort unser aller Menschwerdung. Er ist der Ort, wo unsere leiblichen Ichs sich begegnen, sowohl in Lust und Liebe, als auch im Zorn.[53] Er ist der Ort, wo Menschen sich gegenseitig ins Leben rufen. Konkret heißt das auch, daß Beziehungsarbeit, die vor allem von Frauen getan wurde, eine moralische und menschliche Verpflichtung für Männer ist, ohne die ihre Menschwerdung nicht möglich ist. Für die Kleinkindererziehung hat die Psychoanalytikerin Dorothy Dinnerstein von Männern die gleiche fleischliche Verstrickung in das Leben von Babys gefordert, wie es für Frauen selbstverständlich ist. Nur so kann die Realität des männlichen Körpers emotio-

nal »ein Lebensquell neuer Geschöpfe« werden und bleiben. Hier sehe ich eine besondere Körperverantwortung für Männer.[54]

2. Der Körper ist nicht vergänglich-sterbliche Hülle eines ewigen Geistes, sondern der Raum, von dem aus wir denken. Wir denken vom Körper her. Wir begreifen mit dem Körper (Christa Wolf).[55] Alle Erkenntnis ist leibvermittelte Erkenntnis (B. W. Harrison). Wenn unser Denken sinnen-voll und damit sinn-voll wird, wird es auch konkret und kritisch gegen abgehobene Begrifflichkeit. Die Materie und vielleicht mit ihr Frauen sind der Ursprung aller Reflexionen (Naomi Goldenberg).[56] Wir haben die Vernunft partialisiert und sie zur allgemeinen Ratio der Welt gemacht, und das »Fallbeil des Vorwurfs Irrationalismus« (Friederike Hassauer) geht auf alle, die in Differenzen statt in Oppositionen denken. Körperlichkeit und Geschlechtlichkeit sind jedoch »Potentiale von Perzeption« und widersetzen sich dem Auseinanderdividieren von Denken und Fühlen.[57]

Wir brauchen neue Denksysteme, die sowohl im physischen Körper als auch im sozialpolitischen Ganzen verankert sind. Hier beginnt eine besondere Verantwortung von Frauen. Nach Tschernobyl fragte Christa Wolf, ob nicht verschiedene Abschnitte des weiblichen Hirns so aufeinander einwirken, daß eine Frau, die ihren Säugling gestillt hat, eine Hemmung entwickelt, milchvergiftende Techniken in Tat und Wort zu unterstützen.[58] Die heutige Gewalt gegen die Natur kann wohl nur mit intensiver Einbeziehung von Frauen gebremst werden.

3. Der Körper ist nicht Ausdruck unserer Privatheit, sondern ein politisches Organ, Spiegelbild kosmischer und gesellschaftlicher Wirklichkeit, das unsere Krankheiten, unsere Vergiftungen und Heilungsprozesse widerspiegelt. Er ist der Ort, wo wir die Welt erfahren können, ästhetisch, sozial, politisch, ökologisch. Die schwarze Schriftstellerin Alice Walker läßt die geschundene, mißhandelte Shug sagen: »Wenn ich einen Baum fäll', blutet mein Arm ...«[59] Und von dem sozialen Revolutionär Che Guevara ist der Satz überliefert: »Ein wirklicher Mensch muß jeden

Schlag am eigenen Leib verspüren, der einem anderen Menschen versetzt wird.« Die Veränderungen, die Reformationen und Revolutionen, die wir bewirken wollen, geschehen und haben ihre Authenzität in uns. Jede Befreiungsarbeit, ob für Völker oder Erde, hat ihren Sitz in uns selbst. In solchem durchlässigen Körper verhärten wir nicht, sondern bewahren uns selbst und unsere Gesellschaftsutopien, werden wir selbst ein Stück neue Gesellschaft.

Frauenheilungsgeschichten

Im Umgang mit unserer christlichen Tradition haben Frauen nun eine wichtige Entdeckung gemacht: Wir lasen die Frauenge-schichten, die Frauenheilungen des Neuen Testaments neu, die bisher keiner Rede wert waren. Diese Körperheilungen sind, wenn ich sie jetzt genau ansehe, nicht nur Individualheilungen. Sie tun neue Lebensräume auf, die bisher nicht gesehen wurden.

Wenn Theologen in der Vergangenheit versucht hatten, das ihnen leiblos gewordene Christentum zu reparieren und dafür die Heilungsgeschichten entdeckten, so waren es nur immer die männlichen Heilungsgeschichten der Lahmen, Blinden, Stum-men. Vielleicht schränkte das ihren Blick ein. Was sie nicht sahen, waren die weiblichen Heilungen und ihre ganzheitliche Bedeutung. Schon Anfang der 70er Jahre hatte der amerikanische Theologe Leonard Swidler auf die Rolle der Frauen und die Berührung in den neutestamentlichen Auferweckungsgeschich-ten hingewiesen.[60] Im Zusammenhang mit der paulinischen Leib-Interpretation hatte ich bereits oben gezeigt, daß die Männerhei-lungen sich meist an den von außen wahrnehmbaren Gliedern abspielen. Beide Beobachtungen lassen sich noch ausziehen, und vielleicht können die Heilungsgeschichten einmal aus folgender Perspektive gesehen werden:

1. Acht Frauenheilungen werden erzählt (Lk 8,2 f.; 13,10 ff.; Mt 15,21 ff.; Mk 1,29 f. par.; Mk 5,27 ff. par.; 5,35 ff. par.), und bis auf Mt 15,21 ff. findet in diesen Geschichten eine Berührung statt. Heilungen sind vielfach mit Berührungen verbunden, aber bei den weit häufiger berichteten speziellen (ungefähr) 15 Männerheilungen (25 Personen) dagegen nur siebenmal, und diese Berührungen gelten nur zweimal dem ganzen Menschen (Mk 1,40 ff.; 9,27), sonst den erkrankten Gliedern: Auge, Ohr. Auch diese »Glieder« betreffen nach hebräischem Denken den ganzen Menschen. Doch wir müssen fragen, ob Frauen noch eine andere Bestätigung ihres nach alttestamentlicher Auffassung unreinen Körpers (3. Mose 12,1–8) erfahren haben. Haben die Berührungen zwischen Frau und Mann nicht noch einen anderen Stellenwert? Frauen berühren auch Jesus – eine Aussage, die von einzelnen Männern nicht gemacht ist – und geben ihm ebenfalls eine Körperbestätigung, eine Daseinsbestätigung (Lk 7,39; Mt 28,9; Mk 5,27). Wir wissen heute aus der Psychologie, daß durch Körper-Kontakt Körper-Sein vergewissert wird.[61] Jede Kontakt-Phobie ist hier aufgehoben, die gerade auch unsere moderne Gesellschaft prägt und kalt und krank macht.

2. Weiter fällt auf, daß die Krankheiten der Frauen vom Innern des Menschen ausgehen und stets den ganzen Menschen erfaßt haben: Fieber, Gebärmutterblutung, verkrümmter Rücken, Geisteskrankheiten. Nie wird bei Frauen ein einzelnes Organ als krank geschildert. Die meisten Männerheilungen sind dagegen traditionelle Erkrankungen der von außen wahrzunehmenden Organe: Haut, Ohren, Augen, lahme Beine, lahmer Arm. Diese Heilungen sind Erfüllung der alttestamentlichen Verheißung Mt 11,5; Lk 4,18. Jede Krankheit betrifft zwar den ganzen Menschen, doch bei Frauen ist darüber hinaus noch etwas anderes, der ganze Mensch, sein Zentrum betroffen. Mir scheint, daß der als latent unreine »gefährliche« Körper der Frau noch eine andere Heilung erfährt. M. E. wird vor allem z. B. bei der gekrümmten und bei der blutenden Frau die traditionelle sozialreligiöse Diffamierung angesprochen und aufgehoben.

3. Daraus ergibt sich dann auch ein dritter Unterschied: Alle erzählten Frauenheilungen haben sichtbare soziale Folgen: Nachfolge — Dienen (Lk 8,3; Mk 1,31; 15,41) — und das heißt im neutestamentlichen Kontext: der hierarchischen Ordnung absagen und »dienen«, wie Jesus gedient hat —, soziale Reintegration (Mk 5,22 ff.), religiöse Integration (Lk 13,10 ff.), eine neue Mutter-Tochter-Beziehung (Mt. 15,21 ff. s. u. S. 156 f.) Jede Heilung sprengt den engen Frauenraum und öffnet einen neuen Lebensbereich.

Die Folgen der meisten Männerheilungen sind ohne solche Folgen: Sie stehen auf, sie sehen, gehen, erzählen herausfordernd, was mit ihnen geschehen ist. Sie sind dankbar, aber auch neun sind ausgesprochen undankbar und scheinbar unberührt. Nur die letzte Heilung, die bei Markus und Matthäus in Jesu Leben erzählt wird, die Heilung des blinden Bartimäus, zeigt eine Wende: Er folgt nach (Mk 10,46 ff.). Die Männerheilungen, die meist Außenheilungen sind, bringen kaum soziale Brüche oder Aufbrüche. Die Frauen, denen ihr Körper-Sein bestätigt wird, treten dagegen in neue verschiedene soziale Kontakte.

In ihren Körpern ist das Paradigma der neuen Ordnung sichtbar, in der die Töchter gleichberechtigt neben die Söhne Abrahams treten, Menstruation nicht mehr Unreinheit ist, den Gewaltverhältnissen abgesagt wird und die Mutter-/Tochterbeziehung entkrampft wird. In dieser neuen Ordnung treten auch Frauen aus ihrem Schatten heraus, werden aktiv, bestimmen mit physischen Zeichenhandlungen Jesu Weg zum Kreuz. Sie haben teil an Heilshandlungen, z. B. an der Auferweckung des Lazarus, und vergewissern sich als einzige leiblich des Körper-Seins des Auferstandenen. Ihr gekränkter, eingeschränkter Körper kann sich ausweiten, neue Beziehungen und Berührungen erfahren und weitergeben, neue Dimensionen erleben. Nichts weist auch nur im geringsten in diesen neutestamentlichen Erzählungen darauf hin, daß Frauenkörper reduziert sind auf Gebären, Empfangen, Dienen oder daß asexuelle Reinheit ihr höchstes Ideal sei. Sie sind auch nicht Projektion männlicher Ängste und Sehnsüchte.

Keine Kultobjekte für Schönheit oder Verführung. Die Körper der Frauen sind die lebendige, beziehungsreiche, aktive, sich verändernde Mitte des Menschen, in denen das Heil Fleisch wird, leiblich wird, sich darstellt.

An den männlichen Körperheilungen wird dagegen ebenso Glaube wie Unglaube, ebenso Lust wie Frust sichtbar, ein Trend, Körperliches zu verdrängen, an den nach außen sichtbaren Schäden zu leiden, aber das Innere herauszuhalten, vom Körperlichen abzutrennen. Frauen sind − damals wie heute − keine besseren Menschen. Sie sind aber − damals wie heute − durch ihre Erfahrungen und durch ihre Minderheitensituation der Realität ein Stück näher und können einen Lebensanspruch für Männer mit ausdrücken.

Lust an der Immanenz Gottes

Von diesen Geschichten gedrängt, müssen wir die Menschwerdung Gottes, die Inkarnation[62], neu verstehen, die aus der Geschichte der Frauen noch einmal anders gelesen werden kann. Einer Geschichte, in der Gott und Körper sich begegnen, in der der ganze Körper krank und der kranke Körper und mit ihm der Mensch geheilt wird. Keine Geschichte des Konflikts, auch nicht des Sieges, sondern der Integration.

In den letzten Jahren ist die Leibwerdung Gottes in einer Schöpfungstheologie und Schöpfungsökologie sichtbar geworden. Doch es genügt nicht, über die Zerstörung der Schöpfung zu reden, ohne auf die verdrängten Körper der Menschen, die in uns selbst wahrzunehmende zerstörte Schöpfung zu achten. Es genügt nicht, die überall sichtbaren menschlichen Abspaltungen, die Krankheiten der Trennung von Kopf und Körper in Therapie-Angeboten am Rande der Kirche zu behandeln und sich selbst im Zentrum als gesund, weil leistungsfähig zu verstehen. Wir müssen den Leib/Körper wieder ins Zentrum der Kirche zurückholen in verschiedener Form: in Sprache, die mit Mythen, Bildern, Symbolen, Erzählungen das Unbewußte, das Körper-Sein des

Menschen berührt. In Heilszusagen, die statt der juridischen die physischen und räumlichen Dimensionen des Heilwerdens ausdrücken. (Das hebräische Wort für erlösen, befreien ist yascha = Raum geben). Auch Worte können — biochemisch oder elektrochemisch — unsere Körper verändern! In Abendmahlsfeiern, in denen nicht Sünder und Sünderinnen den »Dienstleib« Jesu schmecken (der vielen nicht mehr schmeckt!), sondern sich des lebendigen, beziehungsreichen Leibes und Lebens Jesu vergewissern, der vor ihnen war und in dessen Windschatten sie leben, und zugleich des eigenen gefährdeten und unantastbaren Körpers und der ganzen bedrohten Schöpfung! In einer Theologie, die nicht mehr die Heilswahrheiten wie in Kontainern einsargt, sondern sie in Minderheiten lebendig auferstehen läßt. In Gottesdiensten, in denen körper- und leibhafte Formen uns unseres Körpers vergewissern, sicher machen, in denen wir wieder Leib Christi werden. In einer Sozialethik, die sowohl im Körper als auch im sozio-politischen Ganzen verankert ist. Der Umgang mit dem eigenen Leib, mit sich selbst, und die Sprache, die diesen Umgang verrät, scheint mir ein Indiz für unsere verschiedenen Wege als Frauen zu sein. Bei überwiegend gesellschaftstheologisch ausgerichteten Frauen begegne ich Ausdrücken wie »in uns selbst die negativen Einschätzungen *überwinden*«, die negativen Verhaltensweisen *bekämpfen*, etwas »*austreiben*«.

Auf seiten der »matriarchalen Spiritualität« sind stärker die »sanften«, therapeutischen Vorstellungen zu finden: annehmen, integrieren, bewußtmachen, umdrehen. Sie enthalten das Wissen um unser Unbewußtes. Sie sind Leibsprache. Sie integrieren Leiberkenntnisse, an denen wir heute nicht mehr achtlos vorbeigehen können, ohne in einen aktivistischen Moralismus zu verfallen. Sie enthalten heilende Medizin, die wir für unsere ungeliebten Körper brauchen. Und nur ein geheilter Körper kann auch ein aktiver Körper sein. Wir brauchen diese Art von Therapie, um moralisch handeln zu können. Aber wenn wir ungeheilt nur handeln wollen, werden wir bald unsere Kraft verlieren, resignieren oder wild um uns schlagen.

Von einem neuen Leibverständnis gehen inzwischen zwei

gegenwärtige liturgische Texte aus. Es sind neu gefaßte Schuld-
bekenntnisse, die in der Leib-Körpererfahrung, wie sie von
Frauen heute erlebt wird, den Angelpunkt unserer zerstörten und
zerstörerischen Beziehungen, der »Sünde« sehen. Schwedische
Frauen schreiben: »Ich habe mich selbst nicht gleichviel geliebt
wie die anderen, nicht meinen Körper, nicht mein Aussehen,
nicht meine Talente, nicht meine eigene Art zu sein.«[63]

Und englische Frauen haben für Frauen und Männer formu-
liert: »Wir bekennen, daß wir unsere Sexualität mißbraucht
haben: wir haben Lust daran gefunden, den Körper anderer zu
erniedrigen, wir haben versäumt, unseren eigenen Körper zu
achten und für ihn zu sorgen.«[64]

Jeder Absatz dieses Schuldbekenntnisses schließt mit dem von
Männern gesprochenen Satz: »Du bist Bein von meinem Bein«,
und mit dem von Frauen gesprochenen Satz: »Du bist Fleisch von
meinem Fleisch«.

Hier sehe ich gelungene Versuche, »Sünde« neu zu deuten und
die Leiblichkeit des Menschen zum Ort des Heils und der Heilung zu machen. Der Riß zwischen Frau und Mann, die Sünde
des Sexismus, wird nicht moralisierend angesprochen, sondern
therapeutisch. Die Heilung und Erneuerung der Beziehung gerät
in Reichweite.

Männliche Theologie war zu lange in Melancholie und Nekro-
philie (Todesliebe) auf das Kreuz des Lebens, die in Kirchenlie-
dern vielbesungene Kreuzigung des Fleisches und die biologische
Endlichkeit des Leibes fixiert, und sie hat dabei die Gegenwart des
Leibes, seine vielfältigen Ausdrucksformen nicht genug wahrgenommen. Sie blieb fixiert auf das Kreuz und mißtrauisch gegenüber dem Tanz der Befreiten. In den Körpererfahrungen von
Frauen ist Werden und Vergehen, Sterben und Neuwerden stets
präsent und kann nicht voneinander abgetrennt werden. Tod und
Auferstehung sind für viele Frauen in der eigenen Erfahrung
gegenwärtig.[65]

Statt seiner Endlichkeit sollten wir uns der Eigenständigkeit
des Körpers wieder bewußt werden, sollten auf ihn hören, seine
Energien erleben und seine Sprache verstehen, die er spricht, ob

wir alt, jung, Frau oder Mann, krank oder gesund sind. Er ist ein Stück ureigenster Persönlichkeit. Er speichert alles Erleben und alle Geheimnisse in einer »Körpererinnerung«. Wir können ihn ein Stück weit manipulieren, aber nur ein Stück weit. Er spricht auch, wenn wir nicht sprechen. Er verbirgt Energien, die wir nicht ahnen. Er ist der Ort, wo wir die Welt erfahren, aber er schützt uns auch vor ihr. An Krankheitsberichten wird mir diese individuelle Kraft deutlich: Ein seit zwei Jahren aidskranker Mann sagt: »Ich spüre, daß mein Körper nicht nur eine Hülle ist, sondern lebendig und stark.«

Jede engagierte Befreiungstheologie sollte Krankheit, Schmerz, Tod und Einsamkeit in die Leiblichkeit ihrer Bemühungen einbeziehen.

Wenn wir uns so auf unsere Körper einlassen, können wir unsere eingeschränkten Körper weit machen, können wir unsere Körper-Kontainer verlassen oder durchlässig machen, ob sie nun platonisch, paulinisch, cartesianisch oder protestantisch sind. Und wir merken plötzlich, welche neuen Räume sich auftun, welche Särge wir verlassen und was wieder zurückkehrt: Phantasie, Lust, Energien, Schmerz und auch Traurigkeit: »Du stellst meine Füße auf weiten Raum« (Ps 31,9). Wir können uns und der lebendigen Materie vertrauen, die Ursprung der Sinne, der Reflexion, der Ort aller sozialen Verantwortung ist, und die unsere Geschichte transzendiert.

Eine abendländische Christenheit hat lange Gott als Geist aus einem abendländischen Geist heraus verehrt, weil sie an ihrem Körper vorbeisah und die Angst *vor* ihm und den Reichtum *in* ihm nicht wahrnahm und beides in die Frau projizierte. Gott ist Geist, aber kein abendländischer Geist, der vom Körper/Leib sich diametral oder konfliktreich unterscheidet. Gott ist Geist, der wie der Lebensatem, wie Eros in allen Dingen, in allen Körpern, in allem Geschaffenen ist.[66]

Wer an seinem Körper vorbeisieht, sieht an Gott vorbei. Die Lust an der Immanenz Gottes läßt uns uns selbst, Erde und Weltgeschehen, die Nächste und den Nächsten neu wahrnehmen. Wenn wir so in unsere Körper zurückkehren, kehren wir zu

46

Gott zurück, der in der Schöpfung ist und Mensch geworden ist.[67]
Hier ist ein Weg für uns, »Ich« zu sagen, wir selbst zu sein, den
Boden in uns und unter uns zu spüren und den Himmel über uns
offen zu sehen. Hier ist ein Weg, die Leibhaftigkeit Gottes zu
erleben und selbst leibhaft und konkret zu werden. Hier ist ein
Weg, in alten Machtstrukturen und gegen alte Machtstrukturen
eigenmächtig zu werden, der eigenen Macht einen Raum zu
geben und unsere Macht-Ansprüche mit Leben zu erfüllen. Denn
nur was leibhaft ist, ist auch konkret. Und was konkret ist, kann
auch die Wirklichkeit verändern.

Anmerkungen

1. Für die Frage, warum in der Diakonie der kranke, geschundene Leib
   des Menschen gesehen wurde, aber nie der geschundene Leib der
   Frau, scheinen mir drei Gründe wichtig zu sein:
   a) Frauen wurden in der Ordnung der Ehe und nicht als einzelne
   Menschen gesehen. Die Ordnung der Ehe war heilig und unumstöß-
   lich, Einblicke und Eingriffe nicht denkbar. Frauen blieben als
   Einzelmenschen unsichtbar. Die Probleme, die »Sünde« des aggressiven Ehemanns wurde gesehen, nicht das Opfer. (S. dazu *Frieda
   Duensing*, Ein Buch der Erinnerung. Berlin 1926, S. 67 ff.)
   b) In den Kranken wurde die Niedrigkeit und Armut Christi gesehen, und der Dienst an ihnen richtete sich auf die Offenbarung der
   Herrlichkeit. Nicht die Emanzipation und Gegenwart der Ewigkeit,
   sondern der Dualismus von Niedrigkeit und Herrlichkeit prägte den
   diakonischen Glauben.
   c) In der Zeit des diakonischen Aufbruchs war noch ein mildes
   Züchtigungsrecht des Ehemanns gegenüber seiner Frau erlaubt.
   Frauen waren wie Kinder, die zur Ordnung gehalten werden mußten. Der Protest gegen Leibesstrafen kam auch nicht aus den kirchli-
   chen Zentren, sondern von deren Randsiedlern.
2. LThK 1960.
3. ThWNT VII, 1079.
4. *Susanne Heine*, Leibhafter Glaube, Freiburg 1976; – *Walter Hol-
   lenweger*, Erfahrungen der Leibhaftigkeit, München 1979;
   – *Richard Rohr*, Der nackte Gott. Plädoyer für ein Christentum aus

Fleisch und Blut. München 1988²; — *Matthias Krieg, Hans Weder*, Leiblichkeit, Theol. Studien 128, Zürich 1983.

5. Historisches Wörterbuch der Philosophie, Hg. *Joachim Ritter*, 1980. Zu den biblischen Vorstellungen: Soma, Sarx s. ThWNT VII, Art. Soma.

6. In den letzten 20 Jahren ist in der öffentlichen Diskussion die Leib-Problematik verdrängt (s. *Rudolf zur Lippe*, Vom Leib zum Körper, Reinbek 1988, S. 11). Dieser Verdrängung fielen wohl auch die bemerkenswerten Ansätze von Susanne Heine in ihrer Untersuchung: »Leibhafter Glaube« zum Opfer, die kritisch die exegetischen Untersuchungen zur paulinischen Leibtheologie untersucht und zum Ergebnis kommt, daß der Leib als soziale Kategorie kaum Beachtung gefunden hat.

7. *Helmuth Plessner*, Die Stufen des Organischen und der Mensch. Berlin 1975, S. 293 f.

8. *Herbert Haag, Katharina Elliger*, »Stört nicht die Liebe«, Olten 1986; — *Wolfgang Bartholomäus*, Glut der Begierde. Sprache der Liebe: Unterwegs zur ganzen Sexualität, München 1987.

9. Zitat aus *P. Bruckner, A. Finkielkraut*, Die neue Liebesunordnung, München 1979, S. 307. Zitiert bei *Michael Wimmer*, in: *Kamper/Wulf (Hg.)*, Die Wiederkehr des Körpers, Frankfurt 1982, S. 89.

10. Der Spiegel, Nr. 11, 1988, S. 82.

11. Ähnliches wird auch wohl von allen Frauen erfahren: z. B. *Vilma Sturm*, Alte Tage, Frankfurt 1987, S. 48: »Einst dienstbar — heute (im Alter) ordnet er an«.

12. *Johann Baptist Metz*, Jenseits bürgerlicher Religion, München/Mainz 1980, S. 71 ff.

13. Frauenhandlexikon, Art. Körper, München 1983, S. 147.

14. »Enthauptung der Frau« — »Entleibung des Mannes« — dieser Ausdruck stammt — soweit ich weiß — von *Henriette Visser't Hooft*. In: *G. Kaper u. a. (Hg.)*, Eva, wo bist du?, Gelnhausen 1981, S. 19.

15. Dazu *Alice Miller*, Die Töchter schweigen nicht mehr. In: *M. Janssen-Jurreit*, Frauen und Sexualmoral, Frankfurt 1986, S. 392 ff.

16. *Monika Barz u. a.*, Hättest Du gedacht, daß wir so viele sind. Stuttgart 1987.

17. *Robin Morgan*, Anatomie der Freiheit, München 1983, S. 78.

18. *Christiane Olivier*, Jokastes Kinder, Düsseldorf 1987, S. 79 ff.

19. *Irene Hardach-Pinke*, Schwangerschaft und Identität. In: *Kamper/ Wulf* (Hg.), Wiederkehr des Körpers, Frankfurt 1982, S. 193 ff.
20. AaO. S. 201.
21. Deutsche Übersetzung: Unser Körper — Unser Leben. Ein Handbuch von Frauen für Frauen, Reinbek 1988.
22. AaO., S. 206.
23. Hinweise dazu bei *Hardach-Pinke*, S. 196.
24. *Starhawk*, Witchcraft as Goddess Religion. In: *Ch Spretnak*, The Politics of Women's Spirituality, New York 1982, S. 51.
25. *Brigitte Weisshaupt*, Selbstlosigkeit und Wissen. In: *Conrad/Konnertz (Hg.)*, Weiblichkeit in der Moderne, Tübingen 1986, S. 29.
26. *Elisabeth Badinter*, Ich bin Du. Die neue Beziehung zwischen Mann und Frau oder die androgyne Revolution, München 1987.
27. *Eliot Deutsch*, The Concept of Body. Ungedrucktes Manuskript einer Anthropologenkonferenz auf Hawaii. Anders scheinen asiatische Körpervorstellungen zu sein, die die unterschiedlichen Prozesse des Lebens und des Leibes ausdrücken.
28. S. dazu *Elisabeth Moltmann-Wendel*, Feministische Theologie und menschliche Identität. In: Dies., Weiblichkeit in der Theologie. Verdrängung und Wiederkehr. Gütersloh 1988, S. 16 ff.
29. »Gibt es eine gefährlichere Verirrung als die Verachtung des Leibes?« hat er gefragt. Seine Revitalisierung des Leibes (der Leib als die große Vernunft!) erschöpft sich jedoch in dem Ideal des neuen Menschen, der ein Mann war. S. dazu: *Heinrich Schipperges*, Das Konzept der Leiblichkeit bei Friedrich Nietzsche. In: *Hilarion Petzoldt (Hg.)*, Leiblichkeit, Paderborn 1985, S. 133 ff.
30. Der Ausdruck: »Die Scham, im Leibe zu sein«, stammt von Plotins Biographen Porphyrius. Dazu: *Hermann Häring*, Die Mutter als Schmerzensreiche. In: *M.-Th. Wacker (Hg.)*, Der Gott der Männer und die Frauen, Düsseldorf 1987, S. 44.
31. *Dazu Rosemary R. Ruether*, Sexismus und die Rede von Gott, Gütersloh 1985, S. 98 ff. — s. dazu auch die neue Untersuchung *Corbin/Farge/Perror u. a.*, Geschlecht und Geschichte, Frankfurt 1989, S. 56 f.
32. Dazu: *Heiner Hastedt*, Das Leib-Seele-Problem. Frankfurt 1988.
33. Der Spiegel Nr. 11, 1988, S. 75.
34. S. dazu *Ruether*, aaO., S. 292 f.
35. *Rudolf zur Lippe*, Am eigenen Leibe, in: *Kamper/Wulf (Hg.)* Wiederkehr des Körpers, Frankfurt 1982, S. 16.

36. AaO., S. 45.

37. ThWNT VII 1025.

38. AaO. 1079.

39. Zum Verhältnis Männerkörper-Freicorps s. *Klaus Theweleit*, Männerphantasien, Frankfurt 1977.

40. Calwer Kirchenlexikon 1937, S. 124.

41. *Karl Barth*, KD III 4, S. 190 ff. und öfter.

42. *Doris Kaufmann*, Aufbruch und Reaktion, München 1988, S. 105 ff.

43. S. dazu *Elisabeth Moltmann-Wendel*, Das Land, wo Milch und Honig fließt, Gütersloh 1985, S. 123 ff. – Wichtig scheint mir die Wiederentdeckung des »Körpers« Jesu bei *Hans Weder*, Leiblichkeit. In: Theologische Studien 128, Zürich, S. 37. Allerdings ist auch hier wieder die Person Jesu durch das, was sie »getan und gelitten hat« unzureichend charakterisiert (S. 38).

44. *Wilhelm Stählin*, Wege zur Wahrheit. Vom Sinn des Lebens. Stuttgart 1952³, S. 125.

45. *Paul Evdokimov*, Die Natur. In: Kerygma und Dogma, 11. Jg. 1965. – *Tatjana Goritschewa* hat in ihrem Buch (Hiobs Töchter, Freiburg 1988) auf die Körpertraditionen der Orthodoxen Kirche hingewiesen, allerdings nicht deren Beschränkung auf die männliche Perspektive beachtet.

46. In den gegenwärtigen theologischen Anthropologien ist die Leiblichkeit des Menschen auffallenderweise kein Thema geworden. Zwar erwähnt *Otto Hermann Pesch* (Frei sein aus Gnade, Freiburg 1983) kurz »Leiblichkeit«, aber leitet sie aus dem gegenwärtigen Bewußtsein vom Kosmos ab: »Die – katholische und evangelische – Theologie der Gegenwart bezieht das Thema der Gottesebenbildlichkeit des Menschen unvermeidlich in die theologische Menschheitsgeschichte ein. Ganz von selbst ist damit (wieder) die Leiblichkeit des Menschen in die Interpretation seiner Gottesebenbildlichkeit hineingenommen« (S. 387). Leiblichkeit ist für ihn also kein eigenes Thema, wird subsumiert unter Kosmos, bleibt unpersönlich, unexistentiell, unspezifisch. Leiblichkeit kommt verschämt durch eine Hintertür auch ins katholische Denken wieder hinein. – *Wolfhart Pannenberg* (Anthropologie, Göttingen 1983) dagegen greift viele Probleme der Psychosomatik und pädagogischen Ganzheits- und Leibkonzepte auf. Er zitiert aber vor allem, ohne eine eigene Position neu zu bestimmen.

47. Eine der wenigen theologischen großen Neuerscheinungen, die sich auf die Feministische Theologie einlassen, ist *Jürgen Moltmann, Gott in der Schöpfung*, München 1985, und in der auch ein neues Verständnis von Leib und Leiblichkeit herausgearbeitet wird.

48. *Matthew Fox, The Original Blessing*, Santa Fé 1983.

49. *Rubem Alves, Ich glaube an die Auferstehung des Leibes*, Düsseldorf 1983, S. 53 u. ö.

50. *Ruth Albrecht, Das Leben der heiligen Makrina auf dem Hintergrund der Thekla-Traditionen*. Göttingen 1986.

51. *Elisabeth Gössmann, Wie könnte Frauenforschung im Rahmen der katholischen Kirche aussehen?* Eichstätter Hochschulreden, München 1987, S. 15.

52. Zu »Raum« s. *Jürgen Moltmann, Gott in der Schöpfung*. München 1985, S. 151 ff. Zu »Raum« in feministischer Sicht z. B. *Doris Strahm, Aufbruch zu neuen Räumen*, Fribourg 1987 – *Ursula Pfäfflin, Spiritualität und Psychologie*. In: *Maria Kassel (Hg.), Feministische Theologie. Perspektiven zur Orientierung*, Stuttgart 1988, S. 142 ff.

53. *Beverly Wildung Harrison, Die Macht des Zorns im Werk der Liebe*. In: *Brooten/Greinacher (Hg.), Frauen in der Männerkirche*, 1982, S. 164 f.

54. *Dorothy Dinnerstein Das Arrangement der Geschlechter*, Stuttgart 1979, S. 192.

55. *Christa Wolf*, in: *Maxie Wander, Guten Morgen, Du Schöne*, Darmstadt 1978, S. 20. – Zur früh erkannten Polarität – nicht Dualität – zwischen Kopf und Körper in Frauenfiguren im archaischen Denken s. *Ilse Modelmog, Vernunft und Verzauberung*, in: *Conrad/Konnertz (Hg.), Weiblichkeit in der Moderne*, Tübingen 1986, S. 39 ff. Danach wird in der Frühzeit das Wissen um die Sonderstellung des Geistes mit Frauen identifiziert. Sie waren die Erkenntnisträgerinnen, und ihnen oblag die Umformung und Uminterpretation der vorfindlichen Wirklichkeit in ästhetische, sinnliche Lebensformen.

56. Aus psychoanalytischen Erfahrungen heraus kommt Naomi Goldenberg zu dem Schluß: »Frauen und Materie wurden in unseren geistigen Traditionen unterdrückt, während sie in Wirklichkeit den Ursprung all unserer Reflexionen darstellen.« Durch die Hineinnahme von Frauen hofft sie, daß das westliche Denken allgemein körperlicher und mehr kontextbezogen werde. Das sich verändernde

Denksystem müßte eine Reflexion begünstigen, die »sowohl im physischen Körper als auch im sozio-politischen Ganzen verankert ist.« (*Naomi Goldenberg*, Spiritualität und Theologie. In: *Maria Kassel* (Hg.), Feministische Theologie. Perspektiven zur Orientierung, Stuttgart 1988, S. 188, 184.)

57. *Friederike Hassauer*, Aufklärung: Futurologie oder Konkurs. In: *J. Rüsen* u. a. Die Zukunft der Aufklärung, Frankfurt 1988.

58. *Christa Wolf*, Störfall, Darmstadt 1987, S. 27.

59. *Alice Walker*, Die Farbe Lila, Reinbek 1984, S. 140.

60. *Leonard Swidler*, Jesu Begegnungen mit Frauen. In: *Elisabeth Moltmann-Wendel (Hg.)*, Menschenrechte für die Frau, München 1974, S. 130 f.

61. *Nancy M. Henley*, Körperstrategien, Frankfurt 1988, S. 144.

62. Zu einer feministischen Inkarnationstheologie s. *Anne Carr*, Transforming Grace. San Francisco 1988. Die deutsche Übersetzung: Theologie der Gnade, erscheint 1990 in der Taschenbuchreihe, GTB Siebenstern im Gütersloher Verlagshaus Gerd Mohn.

63. Ungedrucktes Manuskript.

64. *Janet Morley*, Ungedrucktes Manuskript.

65. Zu einer feministischen Eschatologie s. *Rosemary R. Ruether*, Sexismus und die Rede von Gott, Gütersloh 1985, S. 303 ff.

66. Nach *Helen Schüngel-Straumann* schafft Ruach (Geist) Raum, setzt in Bewegung, »führt aus der Enge in die Weite und macht so lebendig«. Sie ist »die Lebenskraft Gottes, wird den Geschöpfen mitgeteilt, und im gleichen Atemzug wird von *ihrer* Lebenskraft, der Ruach *aller* Lebewesen gesprochen.« – »Die von Gott gegebene Lebenskraft ist zugleich der Atem, die Lebenskraft, aus der die Geschöpfe leben.« *Helen Schüngel-Straumann*, Ruach (Geist, Lebenskraft) im Alten Testament. In: *Maria Kassel (Hg.)*, Feministische Theologie, Perspektiven zur Orientierung, Stuttgart 1988, S. 59 ff.

67. Daß die Leibhaftigkeit Gottes, sein Leibhaftigwerden, sich in unserem Handeln erschöpft, wie es gegenwärtig einige feministische Theologinnen sagen, genügt mir nicht.

II. GANZSEIN

1. Ganzheit

Eins der bewegendsten Frauenschicksale unserer Zeit erzählen die »Briefe nach Hause« der jungen amerikanischen Lyrikerin Sylvia Plath. Mit 30 Jahren hat sie das erreicht, wovon viele Frauen träumen: einen bekannten Namen als Autorin, einen Ehemann, den sie liebt und der ein erfolgreicher Dichter ist, ein großes Haus auf dem Lande mit Apfelgarten und Narzissenwiese. Nach der Tochter wird dann schließlich noch der ersehnte Sohn geboren. Sie schwelgt in der Fülle des Daseins und der Lebenserfahrungen und scheint alles zu schaffen: die Apfelernte, den Haushalt, die Windeln, die Familie, die Gedichte. Doch dann verläßt ihr Mann sie plötzlich, und sie steht vor den Trümmern ihres Lebens und ihrer Illusionen: tief verletzt, fast mittellos, aus dem gewohnten Umfeld gerissen, belastet mit zwei Kleinkindern. Als sie ihre Situation akzeptiert und sich zur Scheidung entschließt, schreibt sie den eindrücklichen Satz: »Seit ich mich entschieden habe, kehrt Tropfen für Tropfen, auf wunderbare Weise mein eigenes Leben, meine Ganzheit zurück.«[1] Nach außen ist nichts mehr ganz. Ringsumher ist alles zerbrochen, was ihr Glück, ihre Geborgenheit ausmachte. Aber von innen findet Sylvia Plath in diesem Moment noch einmal zu einer Ganzheit, zur eigenen Person zurück, die aus ihren kreativen Kräften lebt.

In dem Wort »Ganzheit« steckt für Frauen eine Paradoxie, die dieses Beispiel eindrücklich wiedergibt. Ganzheit — eigentlich ein farbloses Wort — ist für viele Frauen heute zu einer Art Zauberwort geworden, in dem sie sich und ihre Lebenswünsche wiederfinden. Viele Frauen haben den Eindruck, daß sie jeden Tag in viele Teile zerrissen werden. Da sind die Haushaltpflichten, die Kinder müssen versorgt werden, der Beruf, den ein Großteil ausübt, verlangt den ganzen Einsatz, ein Mann, Freund oder Partner braucht Liebe. Für alles fühlen sich Frauen zuständig und verpflichtet, und sie selbst brauchen ja auch noch einen Raum und eine Zeit zum Atmen. »Eine Frau«, schrieb eine Norwegerin vor einiger Zeit, »ist eine, die immer ein schlechtes Gewissen hat«. Frauen suchen Wege zum Ganzsein.

Doch was ist Ganzheit? Das Wort erschlägt manche zunächst einmal. Es klingt nach »Vollkommenheit«, »Perfektion«. Es scheint ungeheure Ansprüche zu stellen. Vor allem für die, die sich schon überfordert fühlen, mag es ein zusätzlicher Alptraum werden, alles allen zu sein und allen alles zu werden. Für andere, die »Ganzheit« aus den gegenwärtigen Diskussionen um die New-Age-Bewegung kennen, hat das Wort noch einen faszinierenden Klang: Es erinnert daran, daß nicht nur Menschen zerrissen sind, sondern auch unsere Kultur. Wir sind erzogen, möglichst abstrakt mit dem Kopf zu denken und haben doch einen Körper, der aber stumm bleiben muß. Wir schalten unsere Gefühle ab und gehorchen Sachzwängen. Wir haben eine Welt, die aufgeteilt ist in Männer und Frauen, in männlichen Geist und weibliches Gefühl, in Natur und Technologie. Ganzheit kann zur Vision und Illusion einer heilen Welt werden.

Ich möchte nach der speziellen Bedeutung von Ganzheit für Frauen und Theologie fragen. Ich möchte vor allem Frauen selbst zu Worte kommen lassen, da in ihren Erfahrungen »Ganzheit« eine bei Männern viel seltener anzutreffende existentielle Bedeutung hat. Die literarischen Zeugnisse will ich dann durch gegenwärtige theologische ergänzen. Zunächst aber sollen die verschiedenen Bereiche, wo Ganzheit heute auftaucht, kurz beleuchtet werden.

Protest gegen Technokratie

Das Wort Ganzheit hat in den letzten Jahren – oder Jahrzehnten – eine inflationäre Entwicklung genommen. Es findet sich in vielen modernen Bewegungen wie New Age, Feminismus, Medizin und Pädagogik. Verbindend für alle diese Bewegungen und ihre Visionen ist, daß sie aus eindimensionaler Kultur heraus wollen und nach eindimensionalen, aufklärerischen, rationalen Konzepten zu Konzepten kommen wollen, die mehrdimensional sind, die die emotionalen, unbewußten, seelischen, leiblich/körperlichen Aspekte integrieren wollen. In der Vorstellung von Ganzheit steckt stets der Protest gegen eine einseitig technisch-rationale Wissenschaft und Kultur, deren Entwicklung sich mit dem Beginn des Industriezeitalters intensiviert hat und mit dem Atomzeitalter voll zur Blüte gekommen ist.

Die Suche nach Ganzheit, die Frage, wie sich die Teile, das Einzelne zum Ganzen verhalten, ist allerdings nicht neu. Sie durchzieht die Menschheitsgeschichte. Für unseren Zusammenhang sind die Denkanstöße in der Neuzeit wichtig, die im bewußten Gegensatz zu mechanistischen Weltbildern und zu einseitig rationalen Konzepten (»ich denke, darum bin ich«) die Zusammenhänge der Welt wieder organisch sahen.[2] Beispiele aus dem 19. Jahrhundert sind Goethe, der die Naturwissenschaften neu sehen lehrte und seinen eigenen Denkweg als »vom Ganzen in die Teile aufstreben« auffaßte; Schelling, der von der Erkenntnis des »organischen Ganzen der Wissenschaft« ausging und von da her erst die einzelnen Fächer verstand; Franz Baader, der katholische Religionsphilosoph und Techniker, der nach einer einseitig rationalistischen Kultur Glaube und Wissen, Dogma und Philosophie, vor allem aber Geist und Natur wieder verbunden sehen wollte. Auch das Menschenbild verändert sich durch solches, teils romantisches Organismusdenken. Es wird organischer, ganzheitlicher, nicht mehr allein durch den Kopf und nicht mehr allein durch die Biologie bestimmt. Karl Marx sah in seinen Frühschriften einen neuen Menschen: »Der Mensch eignet sich sein allseitiges Wesen auf eine allseitige Art an, also als ein totaler Mensch. Jedes seiner menschlichen Verhältnisse zur Welt, Sehen, Hören, Riechen, Schmecken, Fühlen, Denken, Anschauen, Empfinden, Wollen, Tätigsein, Lieben, kurz alle Organe seiner Individualität, wie die Organe, welche unmittelbar in ihrer Form als gemeinschaftliche Organe sind in ihrem gegenständlichen Verhalten oder in ihrem Verhalten zum Gegenstand die Aneignung desselben, die Aneignung menschlicher Wirklichkeit.«[3] Für Friedrich Theodor Vischer, einen Publizisten der 48er Revolution, ist »der Bürger und der Religiöse ein unteilbarer Mensch«.[4] Der Schellingschüler Friedrich Fröbel, der das Kleinkind im Spiel ganzheitlich erfassen wollte, sah die Menschheit »als Erscheinung und Offenbaru̇ng Gottes in der Zeit und in der Endlichkeit« und den Drang nach Entfaltung als den stärksten Trieb im Menschen. Für Frauen der ersten Frauenbewegung, die auch in diesen Bewegungen führend beteiligt werden, war diese Zusammenschau der Welt motivierend, weil sie mit Tabus brach und Abtrennungen der natürlichen, sozialen und religiösen Lebenszusammenhänge aufhob, unter denen Frauen bisher gelitten hatten.

Gegenwärtige – und schon viel strapazierte – Ganzheitsvorstellungen sind in Zusammenhang mit dem Organismusdenken des vorigen Jahrhunderts zu sehen. Gegenüber einem sich aus der Aufklärung ableitenden rationalen, analysierenden, penetrierenden Denken wird Synthese, Integration, Intuition wieder betont. »Ganzheitlich« heißt in der Alltagssprache heute: »mehrdimensional«. Rationale Zugänge und Methoden sollen erweitert oder sekundäre Bedeutung bekommen. Ganzheitliche Bibelauslegung z. B. heißt, über den lang geschmähten Mythos wieder Texte lebendig machen. Der Begriff Ganzheit begegnet heute vor allem in der Psychologie, der Pädagogik, der Medizin und in modernen Naturwissenschaften. In unterschiedlicher Weise und von verschiedenen Standpunkten aus soll das Gesamte des Menschen und seiner Lebensbedingungen gesehen werden, allerdings nicht als Summe von Teilen, sondern aus der Perspektive des jeweils Betrachtenden. In der Ganzheitspsychologie von Felix Krüger z. B. ist Ganzheit »ein geschlossenes Kraftsystem, das das Dasein und Sosein seiner Glieder bestimmt«. Für den Psychoanalytiker Carl Gustav Jung ist Ganzheit das Ziel der Menschwerdung, in dem das Individuum sich eingebettet findet in ein kosmisches Ganzes.

In diesen modernen Ganzheitsvorstellungen sind auch die vermeintlichen Belange der Frauen und einer weiblichen Kultur scheinbar schnell in den Blick gekommen. Nach traditionellen Vorstellungen gehören Frau und Natur zusammen so wie Mann und Geist. Diese anthropologischen Voraussetzungen, die immer noch unsere Kultur bestimmen, sind auch in die Vorstellungen von Ganzheit eingeflossen. Nach primitiver Vorstellung ereignet sich Ganzheit, wo Mann=Geist und Frau=Natur zusammenfinden. »Androgyn« = mann-weiblich ist der klassische Begriff geworden, der heute vielfach für feministische Perspektiven in Anspruch genommen wird.

Zwei Beispiele aus moderner Psychologie und Physik sollen zeigen, wo »Ganzheit« in dieser speziellen Beziehung zur Frau bzw. Weiblichkeit gesehen wird.

1. Mit seiner Entdeckung des kollektiven Unbewußten hat Carl Gustav Jung[5] über das Individuelle hinaus die kosmischen und spirituellen Zusammenhänge aufgezeigt, wie sie in Urbildern Urerfahrungen darstellen. In ihnen ist der Weg der Selbstwerdung, zur Reife und Ganzheit aufgezeigt, eine Ganzheit, die in jeder Psyche als Anlage vorhanden ist und sich in der Selbstwerdung erfüllt. Ganzheit umfaßt in dieser Psychologie Männliches und Weibliches, geht also von einer ursprünglich geschlechtlichen Einheit aus. Unterschiedlich wird dann nur der Weg von Frau und Mann zur Ganzheit gesehen: das Männliche (der Animus) in beiden hat sie in einer männlichen Gesellschaft gezwungen, die Urbeziehung zu verlassen, um zum Ich und zum Bewußtsein zu kommen. Das Weibliche (die Anima) zwingt beide wiederum, zu einer Ganzheit vorzudringen. Hier ist bei der Frau die weibliche Psyche als Selbst die Antriebskraft, bei dem Mann dagegen ist dies »nur« sein weiblicher Anteil, die Anima. Die Frau ist damit — nach C. G. Jung — dem Selbst, dem Ganzen näher als der Mann. Identifiziert wird sie über die Anima. Hier ist also eine Art metaphysischer Wesensunterschied von Mann

und Frau gemacht, der letzten Endes den alten Frauen- und Männerrollen entspricht.

2. Für den Physiker Fritjof Capra und seine Ganzheitsschau sind nicht mehr Elementarteilchen wie im mechanistischen Weltbild fundamental, sondern das Universum als dynamisches Gewebe zusammenhängender Vorgänge. »Keine Eigenschaft irgendeines Teils dieses Gewebes ist fundamental, sie alle ergeben sich aus den Eigenschaften der anderen Teile, und die Gesamtübereinstimmung der gegenseitigen Wechselbeziehungen bestimmt die Struktur des ganzen Gewebes.«[6] Jeder Organismus ist ein integriertes Ganzes und somit ein lebendes System. Systeme sind jedoch nicht auf individuelle Organismen und ihre Teile beschränkt. Auch Gesellschaftssysteme weisen diese Ganzheitsaspekte aus, z. B. ein Ameisenhaufen. Auch die Umwelt z. B. ist ein eigenständiger Lebensraum, der wie die Natur nicht ausgebeutet werden darf. Unter Welt versteht Capra ein »System als Ganzes, in dem Geist und Materie einen gleichwertigen Platz einnehmen«. Die ganzheitliche Weltsicht ist zugleich eine ökologische.

In neuen Gemeinschaften hofft und sieht Capra bereits etwas von diesem neuen Paradigma den Einzug halten. Eine dieser Bewegungen ist für ihn die feministische Spiritualität: »Die feministische Spiritualität beruht auf dem Bewußtsein des Einsseins aller lebenden Formen und ihres zyklischen Rhythmus von Geburt und Tod, woraus sich ein Verhalten gegenüber dem Leben ergibt, das zutiefst ökologisch ist.«[7] Das Bild einer weiblichen Gottheit, in der das Eine sich in der Vielzahl und die Vielzahl sich im Einen manifestiert, und in der ein Gegensatz zwischen Gott und Welt sich erübrigt, scheint für ihn diese Zusammenhänge besser auszudrücken als ein männlicher Gott, der alleine, unabhängig und absolut existieren kann. Da Capra eine »naturgegebene Verwandtschaft zwischen Feminismus und Ökologie« sieht, die »in der uralten Gleichsetzung von Frau und Natur wurzelt«, erhofft er sich von den Frauen eine starke Kraft in diesem kulturellen Wandel. Die New-Age-Bewegung motiviert sich also durch die alte Gleichung: Frau=Natur.

Die verschiedenen Ganzheitsentwürfe sind ein verheißungsvolles Zeichen für die Überwindung einer eindimensionalen Kultur und Weltsicht. Wo sie darüber der Frau eine neue individuelle und kulturelle Bedeutung zumessen, haben sie einen Eigenwert der Frau anvisiert und sie aus dem Schattendasein herausgeholt. Doch die alte, schlichte und fatale Ineinssetzung Frau=Natur ist nicht kritisch gesehen und muß von den Betroffenen differenzierter dargelegt werden. Diese beiden für viele attraktiven Denkmodelle von Jung und Capra haben für Frauen letzten Endes eine fatale gesellschaftliche Wirkung: Sie verändern die sexistischen Grundmuster unseres Denkens und unserer Strukturen nicht und verweisen Frauen wieder in ihre alte Rolle, für Natur, Geburt, Hausarbeit, Beziehungsarbeit und Kinder allein zuständig zu sein.

Wie sieht Ganzheit aus der Perspektive von Frauen, aus ihrem Lebenszusammenhang aus?

Frauen sprechen über Ganzheit

Auch wenn die Vision von Ganzheit eine gesamtmenschliche Utopie ist, so ist sie doch vor allem in Frauenvorstellungen zu finden. Sie gehört in die Herstory, die ungeschriebene Frauengeschichte, und sie begegnet bereits vor allem in der Frauenliteratur des aufbrechenden 19. und 20. Jahrhunderts.[8] Um die Erfahrungen und die Umwelt dazu deutlich zu machen, will ich Frauen selbst über Ganzheit sprechen lassen. Auffallend ist auch bei ihnen zunächst ein Protest gegen eine nur rational-technische Kultur und die Wiederentdeckung der Sinne. »Lassen Sie mir meine abgeschlossene Ganzheit, die fähig ist, alles Wahre, Schöne, in der Diesseitigkeit erfaßbare, mit begeisterter Liebe in sich aufzunehmen und nur gegen Halbes und Unklares sich streng und bestimmt abschließt«, forderte die politische Schriftstellerin der 48er Revolution Fanny Lewald von ihrem Freund Lepel, der sie aus ihrem pantheistischen und ästhetischen Lebensstil wieder in ein restriktives und moralisierendes Christentum der restaurativen Gesellschaft zurückholen wollte. Die Fremdbestimmung durch ihre jüdische Herkunft und ihre christliche Umgebung hat sie abgeschüttelt und will entsprechend ihrer Kultur, ihrem Bedürfnis nach Schönheit und Diesseitigkeit leben.

Und nach Jahren pragmatisch wichtiger Aufbauarbeit und ökonomischer Zwänge bekennt heute die Marxistin Christa Wolf: »Frauen durch ihre Auseinandersetzungen mit realen und belangvollen Erfahrungen gereift, signalisieren einen radikalen Anspruch: als ganzer Mensch zu leben, von allen Sinnen und Fähigkeiten Gebrauch machen zu können.«[9]

Die Abdrängungen der künstlerischen, sinnenhaften, emotionalen und weiblichen Aspekte sehen die Amerikanerinnen Juanita Wever und Judy Davies global und als Ursache der Weltkriege und Katastrophen. »Der Körper-Geist-Zwiespalt, die Trennung des Spirituellen vom Weltlichen, des technischen und instrumentellen Wissens vom Emotionalen und Künstlerischen, einer Klasse, einer Rasse, eines Geschlechts vom andern hat zu einer Welt voll hungernder, entfremdeter, sich bekämpfender Menschen geführt«.[10] Ein ganzheitliches (holistisches) Verständnis der Welt ist für sie der Weg, Menschen wieder zusammenzuschließen, während sie an der Veränderung der Welt arbeiten.

Gerade Frauen sehen in den verschiedenen modernen Gesellschaften, wie die rationalen, technischen, restriktiven Strukturen die emotionalen, körperhaften, künstlerischen Seiten verkümmern lassen, und, wie schon bei Christa Wolf deutlich wird, machen sie sich selbst zum Anwalt verdrängter Sinnlichkeit. Nicht weil sie selbst Natur und Sinne verkörpern. Eher weil sie durch ihre Festlegung auf Haus- und Familienarbeit, durch ihre Verantwortung für den emotionalen Bereich auf Grund ihrer traditionellen Zuordnung zur Natur, in besonderem Maße herausgefordert sind, die Einseitigkeit, Ungerechtigkeit und Gefährlichkeit solcher Aufspaltungen im persönlichen, kulturellen und gesellschaftlichem Leben aufzuzeigen und neue ganzheitliche Lebensmuster zu suchen. Die Ratio wird dabei nicht diskreditiert; ihr wird aber ein neuer Ort zugewiesen.

Für Henriette Schrader-Breymann, die Fröbelpädagogin, die im Berlin des ausgehenden 19. Jahrhunderts eine sozialpädagogische Mädchenbildung aufbaut, ist es spezielle Aufgabe der Frau, »den ganzen Menschen zu erfassen ...«, diese »wunderbare Wechselwirkung zwischen Leib und Geist, diese mysteriöse Einheit − nicht Einerleiheit − zwischen beiden zu pflegen«.[11]

Auch für Edith Stein, die jüdische Katholikin, die in Auschwitz umkam, lebt speziell in der Frau »ein natürlicher Drang nach Ganzheit und Geschlossenheit ... Sie möchte selbst ein ganzer Mensch sein, voll und allseitig entfaltet werden, und sie möchte andern dazu verhelfen, es zu werden, und jedenfalls, wo sie es mit Menschen zu tun hat, dem ganzen Menschen gerecht werden.«[12] Ganzwerden für Frau und Mann heißt für Christa Mulack, eine feministische Psychologin, gegenwärtig »eine Hinwendung zum Weiblichen«.[13]

Doch da sind Widersprüche, die sich im Leben gegen solche Ganzheit ergeben. Sie sind schon bei Sylvia Plath deutlich ausgesprochen. In Krieg und Verfolgungszeiten schrieb die holländische Jüdin Etty Hillesum: »Die vielen Widersprüche mußt Du akzeptieren, Du möchtest zwar alles zu einer Ganzheit zusammenschmelzen und auf die eine oder andere Weise in Deinem Geist˘ vereinfachen ... aber das Leben besteht nun mal aus Widersprüchlichkeiten, die alle zum Leben gehören ... Laß einfach alles laufen, vielleicht wird doch noch etwas Ganzes daraus.«[14]

Und die Lyrikerin Rose Ausländer hat uns ein Gedicht »Ganzbleiben« hinterlassen, in dem es heißt:

»*Unter fallenden Kastanien*
den Garten umarmen
durch Zeitgeräusche wandern
von Stimme zu Stimme
herzliche Briefe lieben
sich an allen Ecken wundstoßen
und ganz bleiben.«

Ganzsein wird dabei zu einer höchst paradoxen Welt- und Selbst-sicht: das Ganze, das All, wird in seinen gesellschaftlichen Widersprüchen und kosmischen Dimensionen umfaßt und erfaßt, und es wird zugleich in der eigenen Person in Widersprü-chen und sinnenhafter Erweiterung der Person erlebt. Zwei Momente, die an sich widersprüchlich sind, begegnen in diesen Aussagen: eine für Frauenleben ungewöhnliche Selbstzentriert-heit, die an die Stelle von Zerstreutheit, Zerrissensein, Selbstauf-lösung getreten ist. Wir erleben eine Geschlossenheit, die nicht abgeschlossen ist, und aus der dann erstaunlicherweise eine neue Fülle geistiger und sinnlicher Wahrnehmungen möglich wird. Aus Selbstzentriertheit kommt ein Beziehungs- und Erlebnis-reichtum. Aus der Selbsterfahrung, die zugleich Welterfahrung ist, wächst eine sensible Einsicht in die Bedürfnisse der anderen. So kann eine neue Beziehungsfähigkeit und Gegenseitigkeit sich entfalten, in der kein Platz mehr für hierarchisches Oben-unten-Denken, hierarchische Ordnungen ist.

Ganzsein heißt, denkend fühlen und fühlend denken, sich der eigenen Bedürfnisse bewußt werden, ohne sich für die Bedürf-nisse der anderen aufzulösen, und den Bedürfnissen der anderen darin gerecht werden.

Doch die Mitte der Welt liegt im eigenen Körper, dem Organ, das uns sensibel und denkend macht. Dies ist nicht nur ein bürgerli-ches Lebensgefühl gesunder, starker Frauen. Maxie Wander — bereits krebskrank — schreibt: »Bei mir bildet sich nach und nach etwas wie ein Sinn heraus, eine Mitte, nach der ich lange gesucht habe ... es ist der Glaube an eine Kraft, die in allem wohnt, ein Lebensgesetz in allem Lebendigen, das man nicht ungestraft verletzen kann. Man muß dem Leben auf die Schliche kommen und herausfinden, was es eigentlich will; man muß seine Augen und auch die Nase öffnen und das Ohr an die Bäume legen wie an einen Mutterleib ... Vielleicht kommt es nur darauf an, sich diese menschliche Kraft zu erhalten, egal mit welchen Zauber-mitteln (und sei's auch durch die Religion), und wenn im Freun-deskreis eine Kraft zu erlöschen droht, müssen wir sie anhauchen mit unserm Atem, behutsam, bis sie wieder flackert und brennt. Es ist alles eine Frage der Kraft, und aus welchen geheimnisvollen Quellen bezieht sie ihre Nahrung?«[15]

Im weiblichen Körper, der so lange diffamiert und kontrolliert war, wird die Mitte entdeckt. In den sinnenhaften Fähigkeiten und in den so lange instrumentalisierten Organen werden heilende Faktoren gesehen, und daraus kann ein kosmisches und soziales Gefühl der Verantwortung werden, das Christa Wolf so ausdrückt: »Wie können wir Frauen ›befreit‹ sein, solange nicht alle Menschen es sind?«

Im Kontrast sei dazu an die Sätze von Sören Kierkegaard erinnert: »Man steckt den Finger in die Erde, um zu riechen, in welch einem Lande man ist, ich stecke den Finger ins Dasein — es riecht nach nichts. Wo bin ich? Was heißt denn das? die Welt? Was bedeutet dies Wort? Wer hat mich in das Ganze hineinbetrogen und läßt mich nun dastehen? Wer bin ich?«[16]

Ganzwerden beginnt nicht mit großen Programmen und keinesfalls mit Perfektion. Perfektion ist eine perfide Ersatzlösung, die wir an die Stelle von Ganzheit gesetzt haben. Ganzheit beginnt mit der Rückkehr zu uns selbst, mit der Abkehr von allen Zerstreuungen, die uns zerreißen. Sich einmal nur auf sich selbst zentrieren, spüren, wo unsere Lust liegt, fühlen, wie unsere Sinne wieder erwachen und unsere schöpferischen Kräfte neu zu leben beginnen! Wenn wir diese Mitte wiederfinden, kann neue und ganz andere Lust und Aufgeschlossenheit für andere und anderes wachsen. Wenn ich ganz bin, ganz werde, kann ich wieder aufmerksam werden auf Zerbrochenes, kann ich auch Erde spüren und Natur neu erleben. Ganz-sein ist kein Rückzug in eine Innerlichkeit, sondern ein Aufwachen zu einem neuen Beziehungsreichtum.

Der Körper der Frau als Mitte des Lebens, Leidens, Erkennens und Begreifens, als Mitte, aus der neues Denken und selbst Veränderungen der Welt zu erhalten sind — dies ist eine umstürzende Entdeckung, die alle gängigen Denk- und Verhaltensmuster umkehrt, nach denen Frau = Körper = Natur passiv ist.

Doch die Suche nach Ganzheit, und — wie Edith Stein sagt

– »der natürliche Drang nach Ganzheit und Geschlossenheit« bei der Frau scheint noch eine tiefer liegende Ursache als nur die gegenwärtige Erfahrung sozialer Widersprüche zu haben. Das Auffinden der Mitte im eigenen Körper ist vielleicht eine Kompensation früh erfahrener Demütigung, die die französische Psychoanalytikerin Christiane Olivier in ihrem Buch »Jokastes Kinder« beschreibt: Während der bewundernde Blick der Mutter auf den kleinen Sohn fällt, entgeht den kleinen Töchtern meist dieser Glanz, aus dem sie heraus ihren Körper für schön und begehrenswert halten. Frauen haben es später oft schwer, sich für ein gutes Liebesobjekt zu halten, auch wenn ihr Partner es ihnen sagt. Die typische Frage ist: »Liebst du mich *ganz?*« Und die Perfektion wird ihr ständiger und quälender Wegbegleiter sein – eine Kompensation der Leere, des Nicht-Ganz-Seins.[17]

Die Spiritualität von Frauen, die aus der oft unbewußten Erfahrung kommt, keinen geliebten Körper zu haben, aus der bis ins Körperliche hinein erfahrbaren Zerrissenheit zwischen den Arbeitsbereichen, aus der Spaltung im Kopf und Leib, konzentriert sich folglich auf den Körper als die neue lebendige Mitte des Seins.

Vom Bauchtanz bis zur Fußwaschung gibt es eine Fülle von Ritualen, die diesen Körper berühren, bewegen und heilen sollen. Sein Rhythmus wird wieder wahrgenommen. Alte vorpatriarchale Kulturen oder gegenwärtige Kulturen wie die Indianer liefern Symbole, Bilder, Riten. Die matriarchale große Göttin wird herbeizitiert. Eine Fülle von internationaler, interkonfessioneller Literatur hat ein Netzwerk gleicher Frauenerfahrung geschaffen.

Ganzheit in der Theologie

Die Vorstellung von »Ganzheit« hat bisher keinen Platz in unserem kirchlichem Vokabular. Sie wird höchstens von Randfiguren vertreten. Unser normales kirchliches Vokabular ist: Versöhnung, Erlösung, Rechtfertigung, Heiligung. Der Begriff »Ganzheit« kommt in theologischen Lexica nicht vor. Er hat vielleicht einen Platz in der Auferstehungserwartung, z. B. bei P. Althaus, wenn er in einem Artikel über Auferstehung schreibt: »Die Bestimmtheit unserer jetzigen Geistleiblichkeit durch Sünde und Sterblichkeit wird abgetan; wir werden aus ihr in die Doxa, die Ganzheit des Lebens im Reich Gottes versetzt«.[18] Wo »die Sünde des Menschen die Mitte« ist, wie die nordelbischen Bischöfe ihre Theologie entgegen der Feministischen Theologie charakterisiert haben[19], kann schwerlich schon etwas Unzerteiltes, Unzerbrochenes gesehen werden. Selbst in einigen feministisch-theologischen Entwürfen, in denen die strukturelle Sünde des Sexismus sich in den Vordergrund der Reflexion gedrängt hat, muß Ganzheit ausgeblendet oder in eine ferne Zukunft verwiesen werden.

Doch in vielen Feministischen Theologien — vor allem in den USA — ist Ganzheit zu einer Schlüsselvorstellung geworden. Nach Patricia Wilson-Kastner ist die Suche nach der »Ganzheit der menschlichen Gemeinschaft« trotz aller gravierender Unterschiede zwischen radikalen und christlichen Feministinnen das verbindende Glied. Von Naomi Goldenberg, die die psychische Gesundheit von Frauen und die Notwendigkeit sowohl innerer Ganzheit als auch solcher in bezug auf die Welt zu finden betont, bis zu Letty Russell, die Befreiung in der Verbundenheit des gesamten Kosmos mit Gott erforscht, suchen alle »das tiefe Aufeinanderangewiesensein von allem, was existiert«, aufzuzeigen[20], auch wenn die Beziehung zum Göttlichen, zu Gott, dann unterschiedlich gesehen wird.

Schon 1974 auf der Sexismuskonsultation des Weltrats der Kirchen in Berlin hatte Nelle Morton ein programmatisches Referat gehalten: Auf dem Weg zu einer ganzheitlichen Theologie.[21] Damals, in den Anfängen der Feministischen Theologie, hatte sie sehr umfassend definiert, was für sie »ganzheitlich« bedeutet: die eigene Sprache, nicht die vergangene, von anderen gesprochene Sprache sprechen, das Einssein von Leib und Geist, Geschichte und Natur wieder zusammenbringen, östliche und westliche Völker zum Reden bringen, die Traditionen in ihrer Ganzheit in Anspruch nehmen, die Ganzheit der Lebenserfahrungen erfassen und schließlich unseren Organen anders als bisher zu trauen: »Wir lernen, mit dem ganzen Körper zu horchen, mit dem Auge zu hören, mit dem Ohr zu sehen und mit dem Gehör zu sprechen.« Der Ort, von dem aus solche Prozesse möglich sind, ist »der tiefste Grund unseres Seins ... wo die Kluft zum Mann am weitesten klafft«. Solche ganzheitliche Theologie kann deshalb nur gelingen, wenn man »mit den Füßen fest auf der Erde steht und die Kraft einer großen Quelle von da unten aufsteigen spürt«. Sie muß deshalb vor allem von denen gelernt werden, »die dem Innern der Natur noch viel näher stehen, die »eine Theologie der Geburt und der Schöpfung« haben.

Solche ganzheitliche Theologie ist organisch, dynamisch und prozeßhaft, und sie kann als Theologie des Heiligen Geistes verstanden werden. Und sie sprengt damit eigentlich alle bisherigen Theologien.

Zehn Jahre später bestätigte Elisabeth Schüssler-Fiorenza noch einmal, daß »die feministische Theologie in den Vereinigten Staaten auf der Bedeutung der ›Ganzheitlichkeit‹ als einer grundlegenden Kategorie in der Theologie (beruht)«. Das bedeutet »die Integration von Körper und Seele, Welt und Kirche, Erde und Himmel, Immanenz und Transzendenz, Frauen und Männern, Natur und menschlicher Technologie«.[22] Zugleich aber machte sie jetzt auf Probleme mit einer falsch verstandenen Ganzheit aufmerksam, in der das kritische und kämpferische Element der Feministischen Theologie vergessen werden könnte: »Solange die Frauen unter der Ungerechtigkeit und Unmenschlichkeit eines gesellschaftlichen und religiösen Patriarchats zu leiden haben, muß eine feministische Theologie zuerst und vor allem eine kritische Theologie bleiben.« Sie schlägt zwar vor, »eine alternative Sicht von Ganzheitlichkeit« zur Sprache zu bringen, in der die Überlebens- und Erlösungserfahrungen von Frauen innerhalb des patriarchalischen Systems herausgestellt werden. Aber letzten Endes ist sie an einer kritischen Theologie interessiert und verschiebt eine ganzheitliche Theologie in eine ferne Zukunft: »Eine ganzheitliche Theologie wird nur dann möglich werden, wenn die Wurzel der dualistischen Theologie überwunden wird, welche aus dem Widerspruch zwischen der die Befreiung beinhaltenden Vorstellung des Evangeliums und den kulturellen patriarchalischen Strukturen der hierarchischen Kirche besteht.«

In der Tat scheint Ganzheit als Ausdruck für Feministische Theologie immer wieder diffuse, unklare Vorstellungen mit sich zu schleppen. Ganzheit als Selbstzentriertheit und Beziehungsreichtum, der aus dem eigenen Selbst kommt − wie es die oben aufgezeigten Frauenzeugnisse verstehen −, wird immer wieder statisch statt dynamisch verstanden und dann abgewehrt. Die Spannung, die in dem Wort steckt, wird oft anvisiert, aber dann nicht durchgehalten. »Das Streben nach Ganzheit« − so Catharina Halkes − »besteht darin, daß ein Mensch zu einer möglichst großen Integration von all dem kommt, was sie/er in sich als Potential zur Verwirklichung antrifft«.²³ Darin liegt für sie eine »spannungsvolle Einheit«. Ganzheit schließt deshalb auch »das Annehmen der eigenen Grenzen, das Lebenkönnen in der Ambivalenz ... das Bejahen der endlosen Unterschiede zwischen Menschen und Kulturen« ein. Doch letzten Endes handelt es sich auch bei ihr um einen »Traum von Ganzheit«. »Ganzheit von und zwischen Menschen wird erst möglich, wenn zwischen Menschen Versöhnung stattfindet in unserem Zusammenhang: Versöhnung zwischen den Geschlechtern ... Erst dann, wenn jedes Geschlecht sich seines eigenen Versagens gegenüber dem anderen bewußt geworden ist, kann uns ein Schalom geschenkt werden.« Das feministische Ganzsein ist hier synonym mit der Reich-Gottes-Vorstellung, mit dem eschatologisch zu verstehenden »noch nicht« und »doch schon« geworden, hat aber damit etwas von seiner frauenspezifischen Bedeutung eingebüßt. Mit der feministischen Vorstellung von Ganzheit wird die christliche Heilserwartung jetzt neu gefüllt.

Ganz-sein kann aber auch als schon hier gegenwärtig erfolgtes Geheilt-sein verstanden werden. Rita Nakashima Brock z. B. sieht die Suche von Frauen nach einem ganzen Leben in den biblischen Erzählungen von geheiltem Leben wieder.[24] Für sie sind »ganzes und geheiltes Leben« synonym. Sie will Christus nicht mehr als ein Symbol ansehen, dem sich unterworfen werden muß und das zu oft mißbraucht wurde. Im Gegensatz zu vielen christologischen Entwürfen, die vor allem am Tod Jesu orientiert sind, möchte sie Christus zu dem »erlösen«, was er einst war, und die Leben-gebenden, erotischen, heilenden Kräfte in ihm und seiner Gemeinde wieder aufdecken. »Christlicher Feminismus sieht sich nicht einem Erlöser verpflichtet, der uns erlöst, indem er Gott zu uns bringt. Unsere Verpflichtung ist, uns selbst und andere in Ganzheit hinein zu lieben.« Leiden mindern und Ganzheit wieder herstellen, ist für sie ein zentrales biblisches Thema.

Diese Traditionen sind in der Theologiegeschichte nie ganz verstummt. Auch Christoph Blumhardt konnte in solchem Sinn Christus den Ganzmacher nennen. Wo der Leib wieder als Mitte des Lebens und Zentrum des Menschen gesehen wird, reichen die traditionellen, überwiegend juridischen Heilsaussagen nicht aus, und es muß eine neue Sprache gefunden werden.

Rachel Conrad Wahlberg bekennt sich in ihrem Glaubensbekenntnis zur »Ganzheit des Erlösers«, ähnlich wie schon die deutsche Historikerin Ricarda Huch, die 1914 von Christus dem Ganzmacher sprach und das frömmelnde Wort »Heiland« damit neu umschrieb.[25] Aus einer psychoanalytischen »ganzheitlichen« Sicht nach C. G. Jung stellte Hanna Wolff 1975 Jesus, den Mann, dar.[26] Auch wenn in all den Versuchen verschiedene Weltbilder stecken, gemeinsam ist ihnen, von einem moralisierenden Christentum wegzukommen und statt dessen erlittene Lebensspaltungen auszusprechen und zu heilen.

Neben Schalom/Versöhnung und Heil/Heilung scheint mir noch eine dritte Bedeutung von Ganzheit wichtig: sie enthält das

Moment der Ekstase, der Mystik, der Unbedingtheit, des Glaubens an die Gegenwart der Ewigkeit, der unglaublichen Vereinigung aller in uns vorhandenen und auseinanderstrebenden Kräfte. Der biblische Hintergrund dafür ist in dem Gebot zu finden: Du sollst Gott deinen Herrn lieben von ganzem Herzen, von ganzer Seele und mit aller deiner Kraft (5. Mose 6,5), das immer wieder als Schlüsselsatz für die Forderung nach Ganzheit gilt. Er ist nicht als moralische Willensanstrengung zu verstehen, sondern als Reaktion auf den Auszug aus der Knechtschaft und die Erfahrung des Freiraums, in dem alle unsere Kräfte gelöst werden und in dem wir uns ganz erfüllen können. Dieses ekstatische Aussichheraustretendürfen, ohne aus den Konflikten zu flüchten, habe ich in den drei Sätzen einer feministischen »Rechtfertigungs«sicht auszudrücken versucht: »Ich bin gut, ganz und schön«.[27] Ganzheit heißt hier, aus allen Sinnen und in Freundschaft mit der Natur leben, die angeblich niederen Anteile unserer Persönlichkeit voll integrieren und eine eigene, nicht nur analysierende Rationalität entwickeln, die emphatisch und einfühlsam ist. Solche Ganzheit schließt allerdings Perfektion aus, »die perfide Ersatzlösung, die wir an Stelle von Ganzheit gesetzt haben«. Solches Ganzsein lebt aus dem ganzen Gott, der nicht eingeschränkt ist auf Männlichkeit.

Für eine neue Sexualität hat Dorothee Sölle ähnliche Elemente einer Ganzheit aufgezeigt.[28] Ganzheit ist für sie eine der vier Dimensionen der Liebe:

»Lieben heißt ganz sein
Mehrdimensionalität
Integration unserer physischen, psychischen,
intellektuellen, ästhetischen,
emotionalen und spirituellen Fähigkeiten.«

Das menschliche Bedürfnis nach Ganzheit, die Sehnsucht, möglichst viele Aspekte unseres Lebens zu integrieren, ist – nach Sölle – partialisiert und vom Christentum in eine hierarchische Ordnung gezwungen worden. Doch Liebe drängt nach Ganzheit, nach Überwindung und Aufhebung von Zeit und Trennung. Der Wunsch, ganz zu sein, seelisch und sozial, wie er sich vor allem in der Liebe ausdrückt, »läßt sich nicht verleugnen«. Gerade Frauen leiden unter dem Mangel an Ganzheitlichkeit, werden stets wieder dazu verlockt und sind dabei leichter verwundbar als Männer. Gegenüber allen Stimmen, die sich von solcher Verwundbarkeit (und damit von dem Anspruch auf Ganzheit) frei machen wollen, ist Sölle noch nicht bereit, »auf Ganzheit zu verzichten«, die leise Stimme zu überhören, »die zu einer Art Ekstase ruft, die sich außerhalb der Ganzheit nicht ereignet«. Den biblischen Hintergrund sieht sie im Hohenlied der Liebe 1 Kor 13,1−3. Das griechische Wort panta, das »alles« oder »alle Dinge« bedeutet, drückt für sie »das ganzheitliche Bezogensein der Liebenden auf andere Menschen und die ganze Schöpfung aus.«

Diese drei Elemente von Ganzheit: Schalom/Versöhnung, Heil/Heilung, Ekstase/Mystik sind − bis auf wenige Ausnahmen[29] − in der traditionellen Theologie an den Rand gedrängt.

Der Großteil der Frauenzeugnisse zeigt klar, daß Ganzheit nicht eine vernebelnde Illusion, auch kein modernes Dogma ist, das wir uns überstülpen müssen. Ganzheit ist eine lebendige Vision und in der Paradoxie unserer Existenz schon hier präsent, damit wir unsere Finger ins Dasein stecken können und es wieder schmeckt und riecht.

Anmerkungen

1. *Sylvia Plath*, Briefe nach Hause, München 1975, S. 492.
2. Dazu: *J. Ritter (Hg.)*, Historisches Wörterbuch der Philosophie. Art. Ganzes/Teil. Ganzheit.
3. *Karl Marx*, Die Frühschriften, Stuttgart 1953, S. 240.
4. S. dazu und zu ff. *Elisabeth Moltmann-Wendel*, Frau und Religion. Gotteserfahrungen im Patriarchat, Frankfurt 1983, S. 32.
5. *Carl Gustav Jung*, Gesammelte Werke, Olten 1952−68.

6. *Fritjof Capra*, Der kosmische Reigen, München 1983, S. 286.
7. *Fritjof Capra*, Wendezeit, Bern 1983, S. 469.
8. Hierzu und zu ff.: *Elisabeth Moltmann-Wendel*, Frau und Religion, S. 31 ff. 183.
9. *Christa Wolf* in: *Maxie Wander*, Guten Morgen, Du Schöne, Darmstadt 1978, S. 20.
10. *J. Weaver, J. Davies*, Dimensionen der Spiritualität. In: Frauenoffensive, München, Journal Nr. 9, Jan. 78, S. 18.
11. *Mary Lyschinska, Henriette Schrader-Breymann*, Ihr Leben aus Briefen und Tagebüchern zusammengestellt, Berlin 1927, Bd. II, S. 453.
12. *Edith Stein*, Der Eigenwert der Frau in seiner Bedeutung für das Leben des Volkes. In: Die Frau. Ihre Aufgabe nach Natur und Gnade, Freiburg 1959, S. 20 ff.
13. *Christa Mulack*, Die Weiblichkeit Gottes, Stuttgart 1983, S. 71.
14. *Etty Hillesum*, Das denkende Herz in der Baracke, Freiburg 1983, S. 52.
15. *Maxie Wander*, Leben wär eine prima Alternative, Darmstadt 1980, S. 179 f.
16. *Sören Kierkegaard*, Die Wiederholung. Düsseldorf 1955, S. 76 f.
17. *Christiane Olivier*, Jokastes Kinder, Düsseldorf 1987, S. 79 ff.
18. *Paul Althaus*, Art. Auferstehung, in: RGG³, Tübingen 1957, Bd. I, S. 697.
19. Stellungnahme der nordelbischen Bischöfe zum Thema »Feministische Theologie«, in: DAS v. 15. 2. 1987.
20. *Patricia Wilson-Kastner*, Faith, Feminism and the Christ, Philadelphia 1983, S. 34.
21. Frau und Religion, S. 202 ff.
22. *Elisabeth Schüssler-Fiorenza*, Für Frauen in Männerwelten. In: Concilium 20. Jg. 1984, Heft 1, S. 34.
23. *Catharina Halkes*, Gott hat nicht nur starke Söhne, Gütersloh 1980, S. 43 f.
24. *Rita Nakashima Brock*, The Feminist Redemption of Christ, San Francisco 1984, S. 57 ff. In: *Judith Weidman* (Hg.), Christian Feminism. San Francisco 1984.
25. Frau und Religion, S. 211.188.
26. *Hanna Wolff*, Jesus, der Mann, Stuttgart 1975.
27. *Elisabeth Moltmann-Wendel*, Das Land wo Milch und Honig fließt, Gütersloh 1985, S. 162 f.

28. *Dorothee Sölle*, Lieben und Arbeiten, Stuttgart 1985, S. 186 ff.
29. Vgl. *Jürgen Moltmann*, Gott in der Schöpfung, München 1987³,
Kap. X, 249 ff.

2. Alles haben oder ganz sein
Bibelarbeit über Mt 4,1–13*

Was gehen uns Jesu Versuchungen an?

Ich weiß nicht, ob es anderen auch so geht: die Versuchungsgeschichte Jesu ist nicht gerade eine Geschichte, die uns ans Herz
gewachsen ist.

Einmal klingt sie wie ein Märchen: ein Teufel tritt leibhaft auf,
agiert und versucht den Gottessohn. Es fällt mir schwer, von
dieser märchenhaften Ebene den Weg zu meiner eigenen Wirklichkeit zu finden.

Zweitens sind diese Versuchungen Erfahrungen des Gottessohnes, der von mir durch einen riesengroßen Graben getrennt
ist. Die Versuchungsgeschichte ist die Eingangsgeschichte, sind
die Initiationsriten für Jesu einzigartigen und einmaligen Weg,
auf dem Gerechtigkeit gelebt wird, und der mit Leiden und
Sterben endet. Es ist der Weg des Messias, der mit meinem
eigenen Suchen nach Lebenswegen nichts zu tun hat.

Und noch eine dritte Schwierigkeit sehe ich, und ich sehe sie
als Frau. Diese hier beschriebenen Versuchungen sind für mich
zunächst einmal gar keine Verlockungen. Die Versuchung,
Wunder zu tun, sich von der Zinne des Tempels oder einem
hohen Turm mutig herabzustürzen, alle Reiche der Welt besitzen
zu wollen — das sind Möglichkeiten, die mich gar nicht reizen.
Wenn wir als Frauen ehrlich mit uns umzugehen gelernt haben,

---

* gehalten auf dem Kirchentag in Halle (DDR) 1988.

dann haben wir wohl kaum die Träume von einer großen Wundertäterin gehabt — höchstens in der Pubertät.

Dann liegt uns die Hybris fern, von einem hohen Turm lebend zur Erde zu gelangen, wie es von Ikarus, vom Magier Simon im Altertum oder vom Schneider von Ulm erzählt wird. Frauen — in traditionellen Rollen — wollen sich eher im Tempel einrichten oder sich in ihm verkriechen, als ein Schneider von Ulm zu sein. Die Angst vorm Fliegen ist uns näher. Dann sind uns eigentlich auch große Herrschaftsphantasien fremd. Was sollen mir alle Reiche dieser Welt? — so werden viele Frauen fragen. Ich will höchstens ein Häuschen mit Garten, das ich überschauen kann.

Was fange ich als Frau mit diesen Versuchungen, die keine Verlockungen sind, an? Was geht mich diese Versuchungsgeschichte an?

Für mich sind die Jesusgeschichten jedoch trotz aller Männlichkeiten Geschichten großer Menschlichkeiten, in denen auch wir uns vorfinden können. Jesus wurde Mensch, nicht nur Mann, und in seinem Mensch-Werden können wir auch Spuren unserer eigenen Menschwerdung als Frauen wiederfinden. Ich möchte diesen Spuren nachgehen, möchte zunächst nach Gleichem und dann nach Unterschiedlichem Ausschau halten. Ich möchte die Geschichte, wo es nötig ist, umlesen und möchte sie als Geschichte unserer Menschwerdung als Frauen verstehen.

Drei Parallelen für Jesu und unser Menschwerden drängen sich mir auf:

1. Wer sich als Gottes geliebtes Kind versteht, verläßt den ausgetretenen Weg der Gewohnheit. Die Versuchungsgeschichte beginnt damit, daß Jesus getauft ist und die Stimme seines Vaters im Himmel gehört hat: Du bist mein lieber Sohn, an dem ich Wohlgefallen habe. Jesus tritt damit heraus aus dem Schatten, heraus aus der Familie, der Geborgenheit, dem Bereich, wo wir alle erste und unbedingte Geborgenheit erfahren haben, und vernimmt eine ganz andere herausfordernde Botschaft: Du bist Gottes Sohn. Und damit beginnt eigentlich der Konflikt.

Viele Frauen lösen sich mühsam von ihrer Familie, deren

Frauenbildern und deren Erwartungen an eine Tochter. Eine Tochter soll Mutter werden, Kinder haben, rundherum mütterlich sein. Viele Frauen haben in den letzten Jahren neu gelernt: »Du bist nicht irgend jemand. Du bist Gottes Tochter, Du bist eine Frau, voll geliebt und anerkannt, mit allem, was du bist, hast und sein willst.« Wer das realisiert, sagt nicht mehr zu allem »ja«, was in der Familie, und nicht mehr zu allem »Amen«, was in der Kirche geschieht. Frauen sagen »nein« und werden anders. Und damit beginnt der Konflikt. Ist es nicht einfacher, eine harmonische, sich anpassende Frau zu bleiben, die alten christlichen Frauenbilder einzulösen?

2. Wer den ausgetretenen Weg der Gewohnheit verläßt, gerät unweigerlich in Zeiten der Einsamkeit. Jesus wurde vom Geist in die Wüste geführt, nicht vom Teufel. Der neue Geist macht einsam, isoliert uns, bringt uns in Situationen, wo keine Schwester und auch kein verständnisvoller Bruder in der Nähe ist. Die Wüste ist der Ort der Einsamkeit, der Anfechtung, der Selbstzweifel. Ringsumher Öde, keine anregenden Sinneneindrücke, kein Grün, kein Blau, keine Pflanzen, kein Wasser und kein Mensch.

Wer anders ist, ist einsam. Wer anders wird, skeptisch gegenüber sich, zornig über ungeliebte Verhältnisse, kritisch gegenüber der Familie, selbstbewußter als Frau, erregt Aufsehen, Angst, Abwehr. Wenn wir nicht mehr angepaßt, harmonisch, hilfsbereit zu jeder Zeit sind, fallen wir aus dem Rahmen. Wir werden isoliert. Und das schmerzt. Denn wir wollen geliebt, geachtet, anerkannt sein.

3. Wer den ausgetretenen Weg der Gewohnheit verläßt, lernt zu kämpfen. Frauen sind es leid, Männerkämpfe mit ansehen zu müssen. Sie hassen diese Art Kämpfe. Frauen kommen lieber ohne Waffen. Aber wenn wir wirklich etwas Neues wollen für uns selbst, für unsere Kirche, für unsere Gesellschaft, dann lernen wir auch, uns auseinanderzusetzen, zu argumentieren, geistige Waffen zu gebrauchen.

Die Zerreißprobe, in die Jesus hineingeriet und in die wir hineingeraten, ist die von zwei verschiedenen Worten Gottes. Der Teufel gebraucht bei der ersten Versuchung das biblische Bild vom Brotwunder und bei der zweiten Versuchung ein Psalmwort, und Jesus argumentiert bei allen drei Versuchungen ebenfalls mit Bibelworten. Als Christinnen sind wir stets einge-klemmt zwischen verschiedenen biblischen Aussagen: z. B. »Das Weib schweige in der Gemeinde«, und doch war die erste Aposte-lin eine Frau.

Der Versucher hat viele Bibelworte parat, und er hat viele christliche und kirchliche Gesichter. Wir geraten in Konflikt mit scheinbar verschiedenen Worten Gottes, und wir müssen selbst-bewußt mit der Bibel reagieren lernen. Nicht die Beschlagenheit in theologischen Argumenten ist letzten Endes entscheidend, sondern die Selbstsicherheit des neuen Geistes. Wir brauchen einen Verstand, der stehen kann, der Boden unter den Füßen und Boden in uns hat.

In Jesu vierzigtägiger Einsamkeit in der Wüste und seiner Versuchung entdecke ich eine umgreifende Menschlichkeit, ent-decke ich Spuren unserer eigenen Frauensituation wieder: Wie er verlassen wir den normalen Weg. Wie er finden wir uns in Wüste und Einsamkeit vor. Wie er müssen wir Konflikte bewäl-tigen und uns mit religiösen Traditionen auseinandersetzen. Doch dann spüre ich, wie unsere Konflikte als Frauen auch andere sind. Hier nehme ich mir die Freiheit einer Christenfrau, die Bibel für unsere Zeit neu zu lesen und möchte beginnen, die Versuchungen des Sohnes Gottes umzulesen als Versuchung der Tochter Gottes, die wir als Frauen alle sind.

Warten auf Wunder oder schöpferisch werden

In unserem Text heißt es:

»Und da Jesus vierzig Tage und vierzig Nächte in der Wüste gefastet hatte, hungerte ihn. Und der Versucher trat zu ihm und sprach: Bist du Gottes Sohn, so sprich, daß diese Steine Brot werden. Und Jesus antwortete und sprach: Es steht geschrieben, der Mensch lebt nicht vom Brot allein, sondern von einem jeglichen Wort, das durch den Mund Gottes geht.«

Ich lese den Text neu in folgender Weise:

»Auf dem Weg, ein eigener Mensch zu werden, geriet die Tochter Gottes in Einsamkeit und Konflikte, und eine innere Stimme sagte zu ihr: Bist du Gottes Tochter, dann warte, daß diese Steine Brot werden, daß die versteinerten Verhältnisse aufbrechen. Dann mußt du auf Wunder warten. Dann mußt du alles von Gott erwarten: den Märchenprinzen und den Partner fürs Leben, den Frieden auf Erden und die Reform der Kirche, die Veränderung der Männer und die der Verhältnisse. Du mußt geduldig sein, die Hände in den Schoß legen. Gott wird es schon machen.

Aber die Tochter Gottes antwortete: Der Mensch lebt nicht vom Brot allein, nicht von den Wundern, daß Beziehungen gelingen und Verhältnisse gelungen sind, sondern von der Schöpferkraft Gottes, die in ihr ist, die ihre Füße gehen, ihre Hände arbeiten läßt, die ihren Verstand scharf, ihren Geist rebellisch und ihre Sinne lebendig macht.«

Meine Erfahrung mit Frauen ist, daß sie sich selten vermessen, große Wundertäterinnen zu sein. Alte Allmachtsphantasien, mit Brot die ganze Menschheit zu beglücken, oder neue Allmachtsphantasien, mit Genmanipulationen Superschweine und Monsterrinder zu züchten, die die ganze Welt ernähren und uns dabei in die gefährlichste Naturzerstörung führen, sind uns suspekt. Wir wollen keine Wunder tun, weder in unseren Tag- noch in unseren Nachtträumen. Doch wir *warten* auf Wunder. Und eine innere Stimme verlockt uns, zwingt uns als Frauen immer wieder dazu.

Es gibt eine Frauengeschichte des Wartens. Wenn wir jung sind, warten wir auf den Märchenprinzen, mit dem alles ganz anders wird. Wir warten auf den Traumjob. Wir warten darauf, ein Kind zu bekommen, vielleicht den vorher ausgebliebenen Märchenprinzen. Wir warten wieder neun Monate, bis es endlich geboren wird. Wir warten auf den Kindergarten, daß wir endlich freier werden. Wir warten, daß es groß wird. Warten später, daß es in der Nacht endlich nach Hause kommt. Warten, daß es schließlich aus dem Haus geht. Warten, daß es endlich auch mal wieder nach Haus kommt! Frauenleben ist wie ein Warte-zimmer.

Wenn ich einsam und traurig bin, warte ich auf ein freundli-ches Wort, warte auf meinen Partner, warte auf einen Telefonan-ruf, warte auf einen Brief, auf Anerkennung, warte, daß etwas von außen mein versteinertes Inneres aufreißt. Warte auf Wun-der. Warte, daß etwas Gutes, Anregendes, Aufregendes, Heilen-des von außen kommt.

Wenn ich mit einem Menschen zu tun habe, der krank, gestört, erstarrt innen und außen ist, wünsche ich mir Wunder, wünsche ich mir, daß Steine Brot werden.

Wenn Verhältnisse unerträglich geworden sind, hoffnungslos gefroren, meine ich, nur noch auf Wunder warten zu können. Wir warten oft wie Kinder, wo nach menschlichem Ermessen nichts mehr zu erwarten ist.

Ein naives Christentum hat uns lange wie Kinder halten wollen, deren höchste Tugend Geduld ist. Und Frauen, die durch ihre Lebensrhythmen das geduldige Warten gelernt haben, haben oft daraus eine Tugend der leidenden Geduld entwickelt.

Bist du Gottes Tochter, dann warte, daß diese Steine Brot werden. Das ist unsere Versuchung.

Doch der Märchenprinz bleibt aus. Der Traumjob sieht ganz anders aus. Kinder kommen nicht wie gewünscht. Der Partner verändert sich nicht. Die Kirche bleibt die alte und die Verhält-nisse die gleichen. Ringsumher sind Steine, und wir bekommen kein Brot, das uns nährt und unseren Körper und unsere Sinne aufleben läßt.

Es gibt Wunder – Gott sei Dank! Aber wir können nicht unser Leben darauf aufbauen. Die Brotwunder in der Bibel zeigen, daß Gott Wunder getan hat und immer wieder tun wird. Aber in dieser Geschichte, in der es um die Menschwerdung geht, um die Menschwerdung Jesu und – wie ich es auslege – um die Menschwerdung der Frau, sind wir auf andere Quellen des Lebens verwiesen.

Wovon leben wir? Jesus antwortet seinem Widersacher, daß der Mensch von einem jeglichen Wort lebt, das durch den Mund Gottes geht. Dies Wort geht Christen allzuleicht über die Lippen. Ich selbst bin des ewigen protestantischen Rückzugs auf das Wort Gottes müde. Es ist in vielen Predigten ausgebleicht. Es ist zu lange in Männerhand und Männererfahrung gewesen und durch Männerherzen gewandert, daß es einseitig und einförmig geworden ist. Es hat uns zu lange Kopfweisheiten und zu wenig Lebenskräfte vermittelt. Deshalb möchte ich es im ursprünglichen Sinn wieder verstehen, wie es wohl auch Jesus noch gemeint hat: als Schöpferkraft Gottes, als das schöpferische Wort Gottes, das uns geschaffen hat, das in uns wohnt. Ich könnte es auch den Geist Gottes nennen, der uns in der Taufe zugesagt ist. Diese Schöpferkraft Gottes macht uns lebendig, macht unsere Füße beweglich und unsere Hände tätig, befreit uns vom Warten. Sie macht unseren Verstand scharf und auch rebellisch. Sie taut unsere Sinne auf. Sie ist das eigentliche Wunder, von dem wir leben. Das Wort Gottes wird uns zugesprochen – so heißt es stets von unseren Kanzeln. Ich glaube, es ist ein Mißverständnis, daß es außer uns, distanziert von uns verbleibt. Ich meine, es hat physische Kraft. Es verwandelt etwas in uns. Schafft etwas Neues – bis hinein in unsere Organe.

Ein protestantischer Rationalismus hat uns wenig geistige und körperliche Vitalität vermittelt. Frauen holen sie sich gegenwärtig in aller Welt zurück, in neuen Gottesdienstformen, in Formen neuer Spiritualität, in Berührungen, in neuer Sprache und Symbolen. Das Wort Gottes – das sind auch die Worte, mit denen wir einander Mut zusprechen, auch die Worte, mit denen wir klagen und die Ohren, mit denen wir zuhören können. Es ist überall dort, wo diese Schöpferkraft in uns und unter uns auflebt, und es ist selbst diese Schöpferkraft.

Wenn Frauen eigene Menschen werden, entdecken sie sich selbst, ob jung oder alt, krank oder gesund, als ungeahnte Quelle von Leben. Sie entdecken dies aber wohl nur, wenn sie davon absehen, Heil und Wunder von außen zu erwarten.

In der Krankengeschichte einer Frau fand ich die gleiche Erfahrung: »Die anfangs mir so grausam erscheinende Unge-schütztheit meines Lebens hat sich zu einer unbestimmten, aber auch hoffnungsvollen Möglichkeit erweitert. Das meiste muß aus mir selbst kommen; ich bin mir zunächst einmal selbst genug. Ich schwinge in mir selbst und lasse andere auf mich zuschwingen oder auch von mir weg. Ich kann mich in mir zusammenrollen, Kräfte sammeln und mir Zuwendung geben. Das sind Schmerzen und das ist meine neue Fröhlichkeit.«

Wir müssen nicht von Erwartungen von außen, nicht von äußeren Wundern leben. Wir leben von unserer Hände Arbeit, von den Kräften unseres Geistes, von unserer Seele Stärke, von dem, was wir uns selbst holen. Wir leben vom Wunder der Schöpfung, Gottes Töchter zu sein. Das ist ein Schritt zu unserer Menschwerdung.

Selbstopfer oder Selbstliebe

In unserem Text heißt es weiter:

»Da führte ihn der Teufel mit sich in die heilige Stadt und stellte ihn auf die Zinne des Tempels und sprach zu ihm: Bist du Gottes Sohn, so laß dich herab, denn es steht geschrieben: Er wird seinen Engeln über dir Befehl tun, und sie werden dich auf Händen tragen, daß du deinen Fuß nicht an einem Stein stößt.

Da sprach Jesus zu ihm: Wiederum steht auch geschrieben: Du sollst Gott deinen Herrn nicht versuchen.«

Ich lese den Text neu in folgender Weise:

»Da führte ihre Versucherin die Tochter Gottes in eine Kirche und sprach zu ihr: Bist du Gottes Tochter, dann opfere dich auf und achte dein Leben für gering. Gib dein Ich auf. Dann wirst du glücklich. Denn in der Schrift steht geschrieben: Wer sein Leben verliert, der wird es gewinnen.

Sie aber sprach: Du sollst Gott deinen Schöpfer, der dir dein Leben, deine Gesundheit, deinen Körper und deinen Geist gegeben hat, nicht versuchen. Denn es steht geschrieben: »Du sollst deine(n) Nächste(n) lieben wie dich selbst.«

In einer bekannten Studie, die den Namen trägt: »Muttersöhne«, hat der Schriftsteller Volker Elis Pilgrim aufgezeigt, wie stark viele Männer das Bedürfnis prägt, sich auf hohe Gipfel zu wagen, sich herabzulassen, fliegend, steigend, fallend, als Flieger, Springer, Bergsteiger, und den Reiz auszukosten, Leib und Leben, Kopf und Kragen zu riskieren. Wenn sie erfolgreich sind, wie Matthias Rust oder Reinhold Messmer, sind sie die heimlichen Helden versteckter Männerwünsche. Wer sich so hervortun muß, hat – so Pilgrim – ungelöste Mutterprobleme, muß sich mühsam und mit Hochleistungen von der Mutter lösen und sich vor ihr und in der Gesellschaft beweisen.

Mit diesem uralten Männertraum will der Teufel Jesus reizen. Doch Jesus ist kein Muttersöhnchen, dem er mit solchen Tricks kommen kann. Jesus lehnt ab, für solches Imponiergehabe Gott zu gebrauchen. Er ist Mensch. Gott hat ihm Leib und Leben gegeben, nicht um sie aufs Spiel zu setzen, sondern um Gerechtigkeit zu leben. Er hat sein Leben nicht riskiert. Es ist ihm von anderen genommen worden.

Wenn ich mich nach Parallelbildern für Frauen umsehe, wo Frauen aus einem ähnlich dunklen Drang heraus Leib und Leben riskieren, dann fällt mir die weibliche Opferrolle ein: die Frau, die sich aufopfert für die Kinder, für die Familie, für die Karriere des Mannes. Früher war es die Frau, die dem Vaterland ihre Söhne opferte. Bis heute opfern sich Frauen für alle möglichen Zwecke auf, sie können wichtig oder unwichtig sein.

Das Opfer einer Mutter hat auch jetzt noch hohen Stellenwert, und in Biographien großer Männer treffen wir es bis heute. Doch als heimliches Lebensideal ist es ein ebenso zerstörerisches Gehabe — nur spiegelbildlich verkehrt — wie das Turmspringer-Gehabe. Und es kann wohl mit der gleichen — scheinbaren — Befriedigung erfüllen. Wer sich opfert, gibt sich preis, gibt sich weg. Es ist in beiden Fällen ein geheimes Spiel mit dem Tod, die Sucht, von ungelösten Problemen abzulenken, die Lust, irgend etwas zu sein, wenn man/frau schon sonst nichts gilt. Die Sucht, geliebt zu werden.

Es gibt echte und bewußt eingegangene Opfer, die bewegen und die in der Geschichte Signalwirkung gehabt haben — ich denke an Märtyrer, an Maximilian Kolbe, an Dietrich Bonhoeffer. Aber Opfer kann nicht Lebensinhalt sein und an die Stelle anderer Lebensziele gesetzt werden. Wer Sich-Opfern zu seinem/ihrem Lebensziel macht, gibt sich selbst auf und hat nichts mehr zu geben, wenn wirklich Opfer und Hingabe nötig sind. Wer nichts zu geben hat, ist auch zu keiner Hingabe mehr fähig. Wer mit einer Opfermiene herumläuft, hat sein Zentrum in sich verloren.

Mir scheint, daß an dieser Stelle Kirche und christliche Tradition eine fatale Rolle gespielt haben. Und so meine ich auch, daß der Raum der Kirche und die Stimme der Kirche uns immer wieder verführt und uns einflüstert: Bist du Gottes Tochter, dann mußt du dein Leben für gering achten. Opfere dich auf und gib dein Ich auf. Dann wirst du glücklich.

Frauen sind sich inzwischen ihres Körpers, ihrer ganzen Persönlichkeit bewußter geworden. Frauen in der Kirche haben mit Vergnügen die Geschichten des Neuen Testaments neu gelesen, die von Männern bisher kaum wahrgenommen waren, Geschichten, in denen Frauen mit ihrem Körper angenommen, geheilt, aufgerichtet worden sind. Sie haben gemerkt, daß es in den Jesusgeschichten keinen Wegwerf-Leib gibt. Es ist befreiend, diesen neuen Weg zu gehen und die alte Opferrolle endgültig und bewußt abzutun. Auf Dauer wird aber dieser Weg in der Kirche nur zu gehen sein, wenn Gott wieder als der Schöpfergott gesehen werden darf, der auch in unseren Körpern wohnt, der uns einen Körper gegeben hat, einen Körper, in dem und durch den unser Geist sich bewegt. Ein Gott, den wir versuchen, wenn wir unseren Körper mißachten, ihn ausbeuten, nicht auf ihn hören und ihn nicht lieben, einen Körper, den wir nicht durch Heldenspiele und Opferrollen aufgeben dürfen. Dies ist keine billige Körperkultur von Schlankheitskuren und Bodybuilding. Dies ist der Weg zu einer viel umfassenderen Ökokultur, die in uns und außerhalb unseres Körpers eine neue Balance zwischen Natur und Geist herstellen muß. Dies ist ein Schritt zur Menschwerdung der Frauen, die sie zugleich stellvertretend für alle, für eine Neuwerdung der Gesellschaft tun. Unser Frauenkörper ist ein Spiegelbild zerstörter Schöpfung. Und mit Achtung und Liebe zum Frauenkörper kann auch ein Stück Achtung und Liebe zur Schöpfung zurückgewonnen werden.

Kinder, Küche, Kirche, Karriere

Weiter heißt es in unserem Text:

»Wiederum führte ihn der Teufel auf einen hohen Berg und zeigte ihm alle Reiche dieser Welt und ihre Herrlichkeit und sprach zu ihm: Dies alles will ich dir geben, wenn du niederfällst und mich anbetest. Da sprach Jesus zu ihm: Hebe dich weg von mir Satan! denn es steht geschrieben, du sollst anbeten Gott, deinen Herrn und ihm allein dienen.«

Ich lese den Text neu in folgender Weise:

»Und ihre Versucherin führte die Tochter Gottes in eine große Stadt und zeigte ihr alle gesellschaftlichen Möglichkeiten, die Frauen heute haben: Karriere und Kinder, Küche und Kirche und alle weiblichen Herrlichkeiten und alle herrlichen Weiblichkeiten: die alten Frauentugenden und die neuen Fähigkeiten. Und sie sprach: Dies alles kannst du haben, wenn du ein bißchen in die Knie gehst, dich anpaßt und deine Träume aufgibst. Sie aber antwortete: Ich will nicht alles haben. Ich will ganz sein. Denn es

steht geschrieben: Du sollst Gott lieben von ganzem Herzen, von ganzer Seele, mit all deinem Verstand und mit all deiner Kraft.«

In der dritten Versuchung wird unser Bruder Jesus auf einen hohen Berg geführt. Sein Widersacher zeigt ihm alle seine Reiche dieser Welt und bietet sie ihm an. Nur eine Bedingung ist zu erfüllen: Jesus muß niederfallen und ihn anbeten.

Lockt uns solche Art Weltherrschaft? Die Meinungen werden vielleicht geteilt sein. Klar müssen wir aber sehen, daß Frauen in allen hohen Machtpositionen: in Regierungen, in der Wirtschaft, in der Kirche fast gar nicht vertreten sind, und daß ihnen schon von daher die Versuchungen zur Macht ziemlich fern liegen.

Doch wir sind auch nicht die bessere Hälfte der Menschheit, die dem Frieden näher ist. Wir haben andere Probleme der Macht, unsere Finger auszustrecken nach Einfluß, zuzugreifen, wo sich etwas bietet, unersättlich zu sein – und dabei etwas von uns selbst, unserem gerade aufgerichteten Rücken aufzugeben. Ich meine, es ist das weite Feld aller unserer Möglichkeiten heute als Frauen. Unsere Versucherin bietet uns alle Reiche dieser Welt auf eine andere Weise an. Karriere, Kinder, Küche, Kirche – so möchte ich die vier K's nennen, die sich Frauen heute auftun. Früher waren es die drei K's des umgrenzten und eingeengten Feldes der bürgerlichen Frau: Kinder, Küche, Kirche. Heute ist das weite Feld des Berufs und aller seiner Möglichkeiten bis hin zur Karriere hinzugekommen. Doch die Frage ist, wie wir das alles auf Dauer physisch und psychisch vereinen können.

Wichtig scheinen uns alle vier Bereiche zu sein. Der Beruf – so hat es einmal Virginia Woolf gesagt – gibt den Frauen »jene Waffe Unabhängigkeit« in die Hand, die ihnen helfen kann, einen eigenen Willen und eigene Vorstellungen zu entwikkeln. Doch wer seinen Beruf liebt, der steht bald auf der ersten Stufe der Karriereleiter, und dann ist die zweite und dritte Stufe auch nicht mehr fern. Und dann setzt das Problem ein, wie die anderen Bereiche noch zu vereinen sind. Auf Kinder zu verzichten, fällt vielen schwer, denn sie geben uns Wärme, sind gerade für Frauen ein Stück ihrer selbst. Die Küche muß auch bedient werden, denn wovon sollen wir leben, wenn sie kalt bleibt? Und die Kirche hat alte und neue Reize für Frauen. Die alten sind: Frauen werden gebraucht, ohne die Frauen und ihre Kirchenarbeit gäbe es wohl lange schon keine Kirche mehr. Und die neuen Reize sind: sie bietet in Ost und West ein Stück Freiraum, den wir in vieler Weise als Frauen nötig haben. Doch aus der Fülle dieser Möglichkeiten ergibt sich leicht eine Falle, in der wir gefangen werden. Wir geraten in sie, weil wir uns Mühe geben müssen, in diesen vier K's alle alten weiblichen Tugenden mit unseren neu entfalteten, neu entdeckten Fähigkeiten zu verbinden. Die alten weiblichen Tugenden sind, daß wir möglichst harmonisch, mütterlich, stets ausgeglichen, einfühlsam, taktvoll und dabei schön ansehnlich bleiben. Die neuen Fähigkeiten, die Frauen entwickelt haben, und die von ihnen erwartet werden, sind: Sachkenntnis, Entscheidungsvermögen, Durchsetzungskraft. Und da Frauen noch immer so etwas »Unzuverlässiges« wie ihren Körper haben, der schwanger oder für kranke Kinder oder Familienangehörige dasein muß, wird ihnen zur Kompensation dessen noch etwas mehr abverlangt, und sie leisten es zumeist auch noch: Perfektion und ein bißchen besser als der Kollege zu sein. Wir werden an den Normen der Männergesellschaft gemessen, und wir müssen in ihnen die alten herrlichen Weiblichkeiten: mütterlich und schön zu sein, und die neu dazukommenden weiblichen Herrlichkeiten: kompetent und effektiv zu sein, entwickeln. Das ist die Falle der Fülle, in die wir geraten. Das ist unsere Versuchung, in die wir geraten. Das ist die versteckte Herrschaft, die uns angeboten wird.

Es gibt Frauen, die haben gute Nerven und Gesundheit und können dies alles scheinbar mühelos erfüllen. Ich erlebe immer wieder tüchtige Frauen, die stehen auf und sagen: »Das ist doch alles zu schaffen.« *Sie* schaffen es vielleicht. Aber was ist der Preis? Der Preis ist sehr oft die Anpassung. Die Anpassung, sich nach fremdem Maß messen zu lassen, sich kleiner, härter, abgeschlossener zu machen, als wir wirklich sind, zu versteinern: »... wenn du niederfällst und mich anbetest ...« Unsere Freiheiten, freie Zeiten, Spielräume, Träume aufzugeben, keine Zeit mehr zu haben, zu erleben, zu spüren, was ringsum geschieht, wie gelebt, wo gelitten wird, wo etwas krank ist in Personen und Verhältnissen. Der Preis ist, daß wir unsere Sinne nicht mehr öffnen können und sie abschließen. Der Preis ist, daß wir uns vor Fragen der anderen, der Gesellschaft verschließen.

Virginia Woolf beschreibt einmal, wie sie auf der Themse-brücke in London steht, die Prozession der berufstätigen Männer verfolgt und dabei konstatiert, daß beruflich erfolgreiche Männer anscheinend ihre Sinne verlieren, ihre Sprache und Gesundheit. Und sie wagt zu fragen, ob die Eigenschaften, die beruflich erfolgreiche Männer entwickeln müssen, nicht geradewegs zum Krieg führen.

Wir stecken in einer Zwickmühle: in einem alten System, in dem wir nach dem Maßstab der Männer gemessen werden und uns selbst messen, und einer Zukunft, die wir selbst mitgestalten wollen, die nicht nur nach pragmatischen und wirtschaftlichen Gesichtspunkten sich ausrichten soll, sondern an Menschen und Minderheiten mit ihren verschiedenen Lebensbedürfnissen. Frauen erheben heute einen radikalen Anspruch »als *ganzer* Mensch zu leben, von allen Sinnen und Fähigkeiten Gebrauch zu machen«.

Wie sollen wir in diesen Zerreißproben bestehen?

Unser Bruder Jesus, der selbst in einer solchen Zerreißprobe von Altem zu Neuem stand, hat mit einem Satz aus dem Alten Testament geantwortet: »Du sollst Gott deinen Herrn anbeten und ihm allein dienen.« Dieser Satz, isoliert gehört, klingt für viele nach alter Kirchensprache, die ihnen nicht mehr viel sagt. Ich möchte ihn deshalb in den größeren Zusammenhang stellen, aus dem er genommen ist. Und da ist ebenfalls von der Ganz-heit des Menschen die Rede, aus der heraus er in eine neue Beziehung zu Gott kommt: »Du sollst Gott deinen Herrn lieben von ganzem Herzen, von ganzer Seele, mit all deinem Verstand und mit all deiner Kraft.« In dieser Ganzheit, in der nicht mehr die Sinne ausgeschaltet sind, in der der Verstand seinen Platz hat, aber nicht mehr zerstörerisch dominiert, in der unsere Energien bewegt werden, können wir in Zwickmühlen über-leben.

Als Töchter Gottes können wir unserer Versucherin deswegen sagen: Ich will nicht alles haben. Ich will ganz sein.

Wenn du ganz bist, wirst du verzichten. Nicht so sehr auf Lustbereiche, sondern auf Forderungen, die von außen kommen. Dann wirst du den schönen und mühseligen Prozeß beginnen, stets mit dir ein Stück identisch zu sein, dich zu lieben, dich und deinen Körper zu ehren und die in dir ruhenden Kräfte zu entdecken.

Ganz-sein, das klingt zunächst so harmonisch. Aber Ganzsein heißt, in Konflikte geraten. Wenn du ganz bist, wirst du dich stoßen an den Widersprüchen. Der Weg Jesu, der mit den Versuchungen begann, führte ihn geradewegs in die Konflikte hinein.

In dem Wort »ganz« steckt aber auch das Wort Heil: geheel, whole, heilig. Indem wir uns auf uns selbst konzentrieren, indem dabei in uns auseinandergebrochene Lebensbereiche wie Verstand und Sinne, Geist und Intuition, Wille und Gefühl sich wieder vereinen, können wir heil werden, ein Stück Heiligkeit, Unmittelbarkeit zu Gott wiederherstellen. In unserem Ganzsein können wir andere anstecken, ebenfalls ganz zu sein, können wir sie freimachen von übermächtigen Utopien, alles sein zu können und alles haben zu wollen. In unserem Ganzsein erfüllen wir schon jetzt etwas von unseren konkreten Utopien für diese Welt. Und es kann darin etwas von Gottes Utopien für die ganze Welt sichtbar werden.

Bei Jesu Versuchung heißt es zuletzt:

>»Da verließ ihn der Teufel. Da traten die Engel zu ihm und dienten ihm.«

Die Einsamkeit ist vorbei. Der Hunger hat ein Ende. Die Wüste verwandelt sich. Statt der bösen Macht, die sich gegen ihn stellt, treten gute, heilende Mächte an seine Seite. In dem Wort »dienen«, was hier von den Engeln ausgesagt ist, steckt nicht irgendeine Dienstleistung, sondern die Tatsache einer Umkehr aller gesellschaftlichen Machtverhältnisse. Wie Jesus gekommen ist, zu dienen und sein Leben hinzugeben, so entmachten hier die Engel die zerstörerische Macht und stellen sich helfend, heilend, solidarisch neben ihn.

Ich möchte den Satz für uns so auslegen:

»*Da verstummte die innere Stimme, die Stimme der Kirche und die der Gesellschaft. Da kamen von allen Seiten Schwestern und auch ein paar Brüder, und sie feierten zusammen Auferstehung.*«

Indem wir auf uns zurückgewiesen werden, auf unsere Kräfte, auf unsere Person, auf unsere Ganzheit in all ihrer Widersprüchlichkeit, und freier werden von Fremdbestimmung, erfahren wir zugleich einen Wärmestrom von außen. Engel, gute Mächte, Schwestern stehen plötzlich neben uns. Indem wir falsche Wunder ablehnen lernen, kommen die echten Wunder. Indem wir einsam werden, bekommen wir Gemeinschaft, erfahren wir Solidarität von Menschen beiden Geschlechts, die auch aufgestanden sind. Indem wir als Frauen in uns und um uns herum die Konflikte der Welt erleben, spüren und benennen, sind wir zugleich umgeben von Schwestern und Brüdern, erfahren wir schon hier Auferstehung.

III. LEIBHAFT GLAUBEN

1. Ein Altar weiblicher Heilsschau

Der Teinacher Altar

In einem schmalen Schwarzwaldtal zwischen der Kreisstadt Calw und Bad Wildbad liegt ein Frauenkunstwerk versteckt, das einmalig in der Kunst- und Kulturgeschichte ist. Es ist die Lehrtafel der württembergischen Prinzessin Antonia in Bad Teinach. Sie ist der jüdischen Mystik der Kabbala nachgestaltet, trägt hebräische Schriftzeichen und zeigt darüber hinaus ungewöhnliche Gottesbilder, so daß sie wohl nur in dieser abgeschlossenen Weltlage alle Ketzer- und Judenverfolgungen unversehrt überstand.[1] Für das Badestädtchen Teinach, das bis heute mit seinem gerade wiederhergestellten klassizistischen Charme Badegäste anzieht, hatte die Schwester des regierenden Fürsten Herzog Eberhard III. nach dem 30jährigen Krieg ein Altarwerk, das »Lehrtafel« genannt wurde, gestiftet, ersonnen und mit einem Freundeskreis gestaltet. Es sollte die neugebaute Kirche schmücken und die damals vor allem fürstlichen Gäste vom Hofklatsch und den Vergnügungen der Badesaison ablenken und erbauen.

Das große Altarwerk, das keinen Altar ersetzen soll, steht bescheiden an der rechten Wand des Chorraums. Es wird Turris Antonia genannt, in Anspielung auf den Turm des Herodes und als Erneuerung des völker- und sprachenspaltenden Babylonischen Turmes, der in Teinach nun ein Religionen verbindender Turm sein soll. Er wird auch Epitaph der Antonia genannt, denn in der Mauer dahinter ließ sie ihr Herz einmauern, das für dieses Kunstwerk geschlagen hatte.

Auf den Außentafeln ziehen spiralförmig 94 meist biblische Frauen um einen imaginären Turm, Stamm oder vielleicht Lebensbaum herum. Der Zug steigt aus einem Tal auf, hebt sich über die Berge, geht auf Wolken und erreicht schließlich das Ziel:

den himmlischen Christus, der den Zug empfängt und der ersten Frau eine Krone aufsetzt. Es ist der sogenannte Brautzug der Sulamith, der Geliebten des Hohenliedes, die in der christlichen Deutung zur Braut Christi wurde. Als Sulamith hat sich die Prinzessin selbst dargestellt, im Brokatgewand und rotem hermelingefütterten Mantel, der von einer Agraffe mit ihrem Monogramm zusammengehalten und von den nachfolgenden Frauen noch getragen wird.

Hinter ihr knien ihre Schwestern, die erste mit einem Anker, dem Symbol der Hoffnung, die zweite mit einem Kreuz, dem Symbol des Glaubens in den Händen. Eine dritte Frau, mit zwei Kindern, eines auf ihrem Arm, eins neben ihr kniend, soll die Liebe (Caritas) darstellen. Mit Hoffnung, Glaube, Liebe will die Fürstin ihre Hofstaat anführen und zu Christus bringen. Dann folgen biblische Frauen, die — bis auf wenige Symbolgestalten — alle biblisch identifizierbar sind, bis hin zur letzten winzigen Gestalt, der Frau Lots, die stehenblieb und zur Salzsäure erstarrte. Aber auch wem die Bibel und ihre Frauen vertraut sind, dem geht bald der Atem aus. Eva mit kokett drapiertem, schulterfreiem Gewand, Apfel und Totenkopf mit Schlange in den Händen, Maria in traditionellem rotem Kleid und blauem, himmelfarbenem Umhang, Rebekka mit einem barocken Krug auf der Schulter, Sara mit listigem Gesicht und der Tür, hinter der sie lauschte und lachte, sind schnell zu erkennen. Sich an »Tempeldienerinnen«, an Königinnen wie Abia, Hephziba, Abisag oder gar an »Priesterinnen« wie Elischeba, Jochebed, Zippora zu erinnern, setzt schon fundierte Kenntnisse voraus. Die Tafel zwingt damals wie heute, sich mit biblischen Frauen neu zu befassen. Heldinnen und Berühmtheiten wie Judith, Debora oder die Königin von Saba waren der Prinzessin offensichtlich interessanter als die in dürftiges Schwarz gekleideten Frauen um Jesus wie Johanna und Susanna oder die kaum zu erkennenden Martha und Maria. Einer Journalistin, die gerade das feministische Kunstwerk der Dinnerparty der jüdischen Künstlerin Judy Chicago in Frankfurt gesehen hatte[2], fiel Paralleles auf: die kunstvollen Gedecke auf der dreieckigen Tafel der Dinnerparty, die Erinne

rung an 999 Frauen, die vergessene Frauen- und Kulturgeschichte demonstrieren soll, und die 94 Frauen auf dem barocken
Altar sind zwei rare Dokumente unbekannter Frauenkultur, die
normalerweise von dominierender männlicher Kultur aufgeso-
gen wird. Und viele biblische Frauen wie Esther, Debora, Judith,
Sara, Zippora, Abigail u. a. begegnen hier wie dort.

Die Kirche von Teinach und der Frauenzug sind allgemein
jeder/jedem zugänglich. Doch wer dem Sinn der Lehrtafel näherkommen will, muß im Pfarrhaus den Schlüssel holen und die
äußeren Flügel sich aufschließen lassen. Und dann zeigt sich
noch eine ganz andere Dimension. Ein farbenprächtiges, figuren-
reiches Panorama tut sich auf: ein bekrönter, goldener, säulenge-
tragener Tempel, eine Himmelswelt mit Engeln und Heiligen
und im Vordergrund ein mit Mauer und Hecke umgebener
Botanischer Garten, in dessen Mitte Christus auf einem Felsen
steht. Aus dem Felsen fließt Wasser, das den Garten fruchtbar
macht, dessen Pflanzen und Bäume so exakt zu bestimmen sind,
wie die Frauen auf der Außentafel.

Umgeben wird der Mittelpunkt Christus von den 12 Söhnen
Jakobs, den Begründern der 12 Stämme Israels. An den Tempel-
säulen im Hintergrund sitzen die vier großen Propheten und
parallel dazu an der rechten Seite die 12 Apostel und überall
biblische Szenen und Symbole im Hintergrund. Bis dahin eine
sehr traditionelle Schau der jüdisch-christlichen Tradition.

Anders als der spiralförmige, impressionistisch anmutende
Zug der Außenseite ist der exakt angelegte Garten mit seinen
Quadraten und Rundungen ein Muster strenger Denkkonstruk-
tion, das die Betrachter/Innen zu Gleichem anmahnt. Doch bei
genauem Hinsehen müssen sie sich zunächst mal mit der kleinen
grünbekleideten Betrachterin am Eingang des Gartens identifizieren. Sie steht unter einem Bogen von Wein, hält den Anker
der Hoffnung und das Kreuz des Glaubens in der einen Hand und
ein flammendes Herz in der anderen, neben sich ein kleines
Lamm. Sie schaut über den Garten mit seinen männlichen
Traditionsträgern hinauf in den Tempel, über drei vertikal ange-
ordnete zu drei horizontal angeordneten Frauengestalten, deren

mittlere ebenfalls ein brennendes Herz hält. Die grüne Gestalt ist die Prinzessin Antonia. Es ist ihr Erkenntnisweg und ihre Heilsschau, und es sind Frauengestalten, die sie leiten. Über dem Tempel verschlingen sich die Buchstaben A O V: das Christusmonogramm A und O, Anfang und Ende, und ihr eigenes Monogramm Antonia Virgo. Überkrönt wird das Ganze von einer diamantenbesetzten Krone, ähnlich der, wie sie der Christus auf den Außenflügeln seiner Sulamith aufsetzen will. Dem äußeren Frauenzug entspricht die geistliche Innenseite, dem heilsgeschichtlichen Weg der Vormütter der Erkenntnisweg der Einzelnen. Die Tafel hat bisher zu anthroposophischen, zahlensymbolischen, kabbalistischen und biblizistischen Deutungen angeregt, die alle berechtigt sind. Doch daß der zentrale Standort der Frau ein Schlüssel zur Interpretation ist, ist m. E. noch nie gesehen worden. Die grüngekleidete Frau ist eine geschichtliche Persönlichkeit, keine Allegorie der Frau Weisheit, wie sie manche zeitgenössischen Darstellungen zeigen. Der Frauenzug der Außenseite mit seinen geschichtlichen Persönlichkeiten zwingt dazu, auch die Innentafel als Heilsschau einer Frau, einer geschichtlichen Persönlichkeit zu sehen.

Doch zunächst müssen wir fragen: Wer ist diese Antonia? Was wissen wir von ihr?

Prinzessin Antonia von Württemberg

In der heutigen Frauenforschung ist sie unbekannt, obwohl sie bereits 1706 zu den »Gelehrten Frauen-Zimmern« gezählt wurde.[3] Sie hat kein schriftliches Werk hinterlassen, und persönliche Dokumente wie Briefe sind bisher nicht aufgetaucht. In der württembergischen Kirchengeschichte ist sie nur durch die Lehrtafel als Mäzenatin bekannt geworden. Das einzige Bild, das von ihr erhalten ist, ist das der Sulamith im Brautzug: eine kräftige Frau mit breiter schwäbischer Stirn und braunem gelocktem Haar, keine besondere Schönheit, die Gesichter ihrer Schwestern sind viel feiner gezeichnet, aber würdig und selbstbewußt in ihrer

Stabilität. Sie wird 1613 als Tochter des Herzogs Johann Friedrich geboren und stirbt 1679. Als sie fünf Jahre alt ist, bricht der Dreißigjährige Krieg aus. Der Hof muß eine Zeitlang nach Straßburg fliehen. Das Land wird von den Kriegswirren schwer mitgenommen. Von 450 000 Einwohnern überleben 100 000. Kriegserfahrungen, die Nöte der Frauen und Visionen von einer neuen Kultur und Gesellschaft scheinen sie geprägt zu haben. Einer ihrer Freunde und Berater ist der spätere Hofprediger Johann Valentin Andreae, der 1619 in seinem Buch »Christianopolis« die Utopie einer neuen Gesellschaft von Gleichen entwirft und als Dekan von Calw in den Kriegsjahren christliche Genossenschaften von Färbern und Textilarbeitern zu gründen versucht, um dem Elend und der Verarmung abzuhelfen.

Mit ihren Schwestern Anna Johanna und Sybille treibt sie historische, mathematische, astronomische und musikalische Studien. Volkserziehung und Kunstpflege liegen ihr am Herzen, und aus ihrer schmalen Schatulle stiftet sie Kunstwerke, die die Menschen anregen und illuminieren sollen. Der Glaube soll wieder lebendig und der Protestantismus bildhaft werden. Ihr Hauptanliegen ist eine Zusammenschau von Wissenschaft, Religion, Natur und Mensch. Pansophie nennt sich dieses Ideal, das weitverbreitet ist und sich gegen die mechanistischen und atomistischen Weltbilder der Vergangenheit entwickelt. Die Welt soll nicht mehr als Maschine, sondern als lebendiger Organismus gesehen werden. Eine spezielle religiöse Orientierung für diese Weltschau findet sich in der jüdischen Mystik der Kabbala. Um deren Schriften zu lesen, lernt Antonia bei zwei schwäbischen Theologen Hebräisch: dem Pfarrer Strölin in Münster bei Canstatt und Schmidlin in Sindelfingen[4], und sie kann es schließlich »wie ein Mann«. In diesem Arbeitskreis kommt der Gedanke auf, eine Lehrtafel zu entwerfen. Sie liegt nicht »wie ein Findling auf dem Boden der Kirchengeschichte des 17. Jahrhunderts« (Häussermann). Sie gehört in den Gedankenkreis gewisser »pansophischer Utopien der mittleren und ausgehenden Renaissance«.[5] Die Welt als ganze soll in einem System erfaßt werden, aber dazu gehört es nun, die jüdische Kabbala christozentrisch zu verwandeln.

Wie geschieht dies, und welchen Beitrag leisten die Lehrtafel und Antonia dazu?

Die jüdische Mystik Kabbala

Die Wurzeln der jüdischen Mystik reichen bis in vorchristliche, ja vielleicht sogar in vorpatriarchale Zeiten zurück. Ihre eigentliche Entfaltung geschah im 13. Jahrhundert in Südfrankreich und Spanien, wo das kabbalistische Hauptwerk »Der Sohar« entstand und sich von da bis nach Osteuropa ausbreitete. Sie erfaßte nicht nur Juden, sondern auch Humanisten und Christen wie Pico della Mirandola und Reuchlin. Sie wurde vor allem von denen aufgegriffen, die die geistige und die materielle Welt, Religion und Wissenschaft, Gott und Mensch wieder in einer Einheit sehen wollten. Gerade auch Frauen wurden von ihrer Weltschau angezogen. Der französische Kabbalist Guillaume Postel (1510–1581) verfaßte 1553: »Les Très Merveilleuses Victoires des Femmes« und widmete es der französischen Herzogin Margarite de Berry.[6] Die englische Naturwissenschaftlerin und Philosophin Anne Conway (1631–79), die großen Einfluß auf Leibniz hatte, fand Entsprechungen ihrer ganzheitlichen Naturschau in der »Kabbala Denudata« des Knorr von Rosenroth.[7] Im 18. Jahrhundert brachten Frauen in Frankfurt den schwäbischen Theologen Friedrich Christoph Oetinger mit Kabbalisten in Verbindung[8], der dann nach 100 Jahren des Vergessens die Lehrtafel wieder bekannt machte und Antonia als Urheberin hervorhob.[9]

Was will die Kabbala? – Im Gegensatz zu der streng kirchlich-theologischen Lehre, die die Transzendenz Gottes und die schlechthinnige Diskontinuität des Verhältnisses von Gott und Mensch vertritt, will die Mystik wie die Kabbala die Gegensätze von Gott und Mensch wieder in Beziehung bringen. Gott und Schöpfung werden im Zusammenspiel gesehen, ohne allerdings sich pantheistisch in der Natur aufzulösen. Auch die menschlichen dualistischen Erfahrungen, die Aufspaltungen in Körper und Geist, in Erde und Himmel, in Göttliches und Menschliches sollen geheilt werden. Eine zentrale Rolle spielt nun in der Kabbala die menschliche Urerfahrung der Geschlechterpolarität. »Ein Geistbild, in dem nicht männlich und weiblich vereinigt sind, ist nicht himmlischer Art«, heißt es im Buch Sohar. Und ferner: »An einem Orte, wo sich nicht Männliches und Weibliches vereinigt finden, schlägt der Allerheilige nicht seinen Wohnsitz auf.«[10] In der Kabbala soll aus der Geschlechtertrennung eine neue fruchtbare Einheit werden. Das Bild für diese umfassende Integration aller Gegensätze ist der Lebensbaum oder Weltenbaum. Seine Zweige streben in alle Richtungen, aber beziehen die Lebenskraft aus dem Stamm. Auseinanderstreben und Wiedervereinigen − in diesem Kräftespiel sieht die Kabbala die Welt. Und es sind die kosmischen, religiösen/göttlichen und menschlichen Kräfte, die so zusammenwirken.

Doch wie sieht dieses Kräftespiel aus, und welche Art von Kräften sind es? Der Lebensbaum wird auch Sephirotbaum genannt; Sephirot − das sind die Urpotenzen, die aus Gott, dem En-sof, dem Urgrund hervorgehen. Es gibt zehn dieser Urpotenzen, die einander oft polar zugeordnet sind. Es gibt zeugende und empfangende Potenzen. Die ersten drei Urpotenzen sind Wille, Weisheit und Verstand (Kether, Hochma und Bina), unterschiedliche Urkräfte, die die Welt bewegen. Die Weisheit wird als Weltensame verstanden, während Bina-Verstand ein weibliches Element enthält. Aus ihnen gehen dann aber die gegensätzlichen Kräfte: Gnade und Gericht, (Chessed und Din) hervor. Diese vereinigen sich im Herzstück des Lebensbaumes: in der 6. Urpotenz, die als Liebe, Schönheit, Barmherzigkeit (Tif'eret oder Rachamin) verstanden wird. Der Name dieser 6. Urpotenz ist auffallend: Sie wird Rachamin = Barmherzigkeit − und das ist im Hebräischen zugleich »Uterus« − genannt, und sie gilt merkwürdigerweise als männlich und aktiv! Das Zentrum, das »Sonnengeflecht« dieses Weltgerüsts ist also deutlich weiblichen Ursprungs. Daraus gehen wieder die Potenzen: Ewigkeit und Lob (Nezach und Hod) hervor und vereinigen sich in der bedeutungsvollen 9. Urpotenz, die »Fundament« (Jessod) oder der »Gerechte« (Zaddik) genannt wird. Diese Kraft ist als zeugende, phallusähnliche Potenz verstanden, und sie bringt schließlich die letzte Kraft hervor: die Seele, die Gemeinde, das Weibliche überhaupt, die Ergänzung des Männlich-Menschlichen. Sie wird als »Schechina« oder »Malchut« bezeichnet.

Wenn wir diesen Weltenbaum betrachten, so wird klar: die treibenden Kräfte, die aus den vereinigten Gegensätzen sich ergeben, werden als männliche Potenzen verstanden, und dem Baum liegt letztlich ein männliches Sexualgerüst zugrunde. Es ist dem männlichen Körper und dem männlichen Selbstverständnis nachempfunden. Es kann auch als Urmensch, als Adam Kadmon, verstanden werden, und sein Produkt ist das Weibliche. Der Urmensch ist also ein männlicher Mensch. Die Kabbala ist als ein von zeugenden männlichen Kräften durchdrungenes Lebensgeflecht zu sehen. Nach Gershom Sholem hat die jüdische Mystik einen männlichen Charakter und ist »sowohl im Historischen wie auch Metaphysischen von Männern für Männer gemacht«.[11]

Charakteristisch für dieses männliche Selbstbild ist auch, daß das Weibliche nicht nur als Produkt männlicher Zeugungskraft gesehen wird, sondern auch in der dritten Potenz, der Bina, mit demiurgischen Zügen und als Einfallstor des Bösen auftaucht.[12] Ein gewohntes patriarchales Muster, nach dem das Weibliche vom Mann abhängig und als labil/dämonisch gefürchtet wird!

Für Christen, die die Kabbala wegen ihres reizvollen Ineinanders von Schöpfung und Offenbarung übernahmen, ergaben sich nun aber ganz andere Schwerpunkte. Sie bezeugte ihren christlichen Verehrern — so Otto Betz —, »mit ihrer Lehre von der Selbstentfaltung Gottes und der Offenbarung seines heiligen Namens das tiefe Geheimnis der Trinität sowie der Präexistenz des Gottessohnes; sie enthüllte ihnen dessen Rolle als eines Mittlers der Schöpfung, Offenbarung Gottes, Erlösers der gefallenen Menschheit und Wiederherstellers der gestörten Naturordnung«.[13] Wichtig für diese Gesamtschau von Schöpfung und Offenbarung, Himmel und Erde, Gott und Mensch wurden nun die drei ersten Urpotenzen (Sephirot), die als Gott: Vater, Sohn und Heiliger Geist gedeutet wurden und so der Trinität eine neue lebendige Beziehung gaben. Damit sollte auch das verbindende

Band zwischen den Religionen Judentum, Christentum, Islam wieder sichtbar und spitzfindige theologische Streitigkeiten überwunden werden.

Unbesehen wurde von den Christen das männliche Sexualgerüst übernommen: aus dem Adam Kadmon, dem Urmenschen, wurde allerdings Christus, der wahre Mensch. Eine christliche Darstellung der Kabbala in Bildern aus dem Jahre 1555[14] zeigt, wie selbstverständlich – und verstärkt männlich – die jüdische Vorlage interpretiert wurde: das Herzstück der Kabbala, die 6. Urpotenz: die Barmherzigkeit (= Uterus) wurde von dem Reuchlinschüler Adam Widmannstadt im Bild des Jakob mit der Himmelsleiter wiedergegeben, und das phallische Fundament, die 9. Urpotenz, mit dem Bild des Herkules, der die Weltkugel trägt. Ich möchte diese Bilder so deuten: Die Sehnsucht, zu Gott aufzusteigen, ist die Mitte männlich-menschlichen Lebens, und die welterhaltende Kraft ist die übermächtige herkulische Manneskraft. War in der jüdischen Kabbala das Produkt dieser Potenz das Weibliche in verschiedenartiger Form, so ist in dieser christlichen Darstellung nun die Weltkugel zu sehen. Ein sehr frühzeitiges Bild vom allmächtigen Menschen, der die Welt erschaffen und wie Gott sein möchte. Zudem eine geschlechtsdesinteressierte Vorstellung, für die das Weibliche nun keinerlei Bedeutung mehr hatte.

Die Kabbala wird feminisiert

Auf dem Hintergrund dieser virilen Vorstellungen und Bilder ist die Teinacher Tafel eine umgekehrte Welt. Sie ist voll von Frauenbildern, mütterlichen, schwangeren, liebenden, Friedenstiftenden, Recht-sprechenden. Aus der Welt zeugender Potenzen ist eine Welt fruchtbringender Frauen geworden. Sie ist aber bewußt christliche Kabbala: im Mittelpunkt stehen farbenprächtig Christus und die christliche Symbolik. Zugleich ist die jüdische Tradition mit Propheten, den israelitischen Stammvätern und der alttestamentlichen Geschichte voll integriert. Eine

christliche, eine jüdische und eine frauenzentrierte Vorstellungswelt treffen hier aufeinander. Was ist ihre Bedeutung, und wie
kann die Transformation von einer männlichen in eine weibliche
Welt gedeutet werden? Wenden wir uns zunächst den einzelnen
Frauendarstellungen zu:

Die drei ersten Urpotenzen sind nun drei Frauen in verschie-
denfarbigen Gewändern. Es sind Bilder der drei jüdischen Urpotenzen von Kether, Hochma und Bina, von Wille (oder Krone),
Weisheit und Verstand. In der christlichen Kabbala waren sie zu
Abbildern der Trinität: Vater, Sohn und Heiliger Geist geworden, und sie müssen auch in diesem Kontext als dreifältige
Erscheinungsweisen Gottes verstanden werden: eine Trinität in
weiblichen Figuren, die horizontal über der betrachtenden Antonia angeordnet sind: Kether im weißen Kleid, der Farbe der
Absolutheit, ein Abbild des — auf dem Kuppelbild darüber
— herrschenden Vatergottes, hebt segnend die rechte Hand und
hält in der Linken — wie die betrachtende Prinzessin — ein
flammendes Herz. Zu ihrer Rechten die Weisheit, »der Sohn«,
eine rot/blau gewandete Frau mit Kelch und Krug in den Händen,
die oft als Abendmahlssymbole gedeutet werden. Zur Linken
Bina, Heiliger Geist, eine Frau im goldenen Gewand mit grünem
Tuch — Farben für die durchleuchtende und erneuernde Erkenntnis des Verstandes —, hält in der Rechten eine Schlange, in der
Linken einen Spiegel. Während die erste (Gottes-)Gestalt keinerlei Vorbilder aufweist, sind die Muster für Geist und Sohn aus
den traditionellen Darstellungen der sieben Tugenden übernommen.[15] Die Frau mit Kelch und Krug ist die Temperantia, die
Mäßigkeit. Die Frau mit Schlange und Spiegel die Prudentia, die
Klugheit. Der erhobene Arm mit der Schlange, dem vorpatriarchalen weiblichen Fruchtbarkeitssymbol, geht zurück auf die
kretische Schlangengöttin, die in beiden Händen Schlangen hält.
Der Heilige Geist ist hier also eine »Geistin« und mit den
Attributen der vorpatriarchalen Göttin versehen. Eine weibliche
Trinität, wie sie kühner kaum gedacht werden kann!

Für die 4. Urpotenz, die Gnade, hat es scheinbar kein der
Vorstellung der Antonia und dem Geist der Lehrtafel adäquates

Traditioneller kabbalistischer Lebensbaum

Die zehn Sefirot

1. כתר = Krone
2. חכמה = Weisheit, in urschöpferischem Sinne
3. בינה = (scheidende) Vernunft
4. חסד = Liebe, auch גדולה genannt: Größe im Sinne ausstrahlender Weite
5. פחר = Furcht, Schrecken, auch גבורה = Stärke im Sinne von Konzentration und דין = Gericht

6. רחמים = Erbarmen, die Harmonie bei der, auch תפארת Herrlichkei oder לב השמים = Herz de Himmels als Zentralregion
7. נצח = Sieges- oder Dauerkraft
8. הוד = erscheinende Schönheit
9. יסוד = Fundament
10. מלכות = Reich, als geistiges Menschen reich

2., 4., 7. bilden die „rechte Säule" (עמודא דימינא), 3., 5., 8. die „linke Säule" (עמודא דשמאלא), 1., 6., 9., 10. die „mittlere Säule" (עמודא דמציעותא).

1., 2., 3. bilden den עולם המושכל, die Schöpferwelt des Geistigen; 4., 5., 6. עולם המורגש, die Schöpferwelt des Seelischen; 7., 8., 9. den עולם המוטבע, die Schöpferwelt de Naturhaften.

Zeichnung von Uriel Birnbaum, in: Der Sohar. Das Heilige Buch der Kabbala. Nach dem Urtext herausgegeben von Ernst Müller.

»Kabbalistischer Geheimnisbaum« mit den zehn Sephiroth.
Titelkupfer der gedruckten Einweihungsrede von Balthasar Raith (1673)

Heilsschau der Prinzessin Antonia
In: Friedrich Christoph Oetinger. Die Lehrtafeln der Prinzessin Antonia.
Herausgegeben von Reinhard Breymayer und Friedrich Häussermann.
Teil 1: Text. Walter de Gruyter, Berlin/New York 1977, Tafel V.

Bild aus der christlichen Tradition gegeben. Die farbenprächtige, rotblau gekleidete Frau mit dem goldenen Zweig oder Zepter und dem Füllhorn, aus dem die Erntefülle quillt, erinnert an die Göttin Fortuna und an antike, lebensfrohe Fruchtbarkeitssymbole: eine eindrückliche Darstellung der kosmischen, überfließenden und nicht feudal von oben gewährten Gnade Gottes.

Ihr gegenüber Din, das Gericht, die Strenge, ist dagegen wieder aus dem christlichen Repertoire genommen: die Frau mit Zepter, Richtersymbolen und Säule vereint die Tugenddarstellungen von Justitia und Fortitudo.

Die 6. Urpotenz, das Herzstück der Kabbala, (wie das Sonnengeflecht des Menschen), die wohl ursprünglich weibliche Rachamin = Barmherzigkeit = Uterus hat ein ihrer ursprünglichen Bedeutung angemessenes Bild bekommen: sie ist als Mutter von zwei Kindern dargestellt, ein sehr gängiges christliches Symbol für die Caritas — Liebe. Schon auf der Außentafel begegnet es im Hochzeitszug der Sulamith. Doch spätestens an dieser Sephira wird sichtbar, daß der Sephirotbaum in Teinach nicht einfach ein christlicher Tugendbaum ist. Wie schon oben gesagt wurde, gilt diese 6. Sephira in der jüdischen Vorlage als männlich und aktiv, als männliche Initiativkraft, von der die Heilige Hochzeit, die Vereinigung mit der letzten Sephira, der weiblichen Schechina ausgeht. In der christlichen Darstellung wurde sie zu Jakob mit der Himmelsleiter. Die Teinacher 6. Sephira, die Kindermutter, dagegen ist mit weiblicher Symbolik von Liebe und Hingabe umgeben: der Gluckhenne, den Tauben, der Pelikanmutter, die ihre Jungen aus der aufgerissenen Brust mit dem eigenen Blut nährt. Sie ist in diesem Lebensbaum nun wirklich ein anderer »göttlicher Knotenpunkt, der alles in sich vereint« (Schaya).[16] Das »höchste Rad« oder die »göttliche Sonne«, wie diese Sephira auch genannt wird, ist in Teinach aus einer männlichen Potenz zu einer weiblichen Seinsweise geworden. Die 7. Sephira Nezach, Sieg, Ewigkeit, wird nun durch eine Frau mit Friedenspalme, die 8. Sephira Hod, Lob, durch eine Harfenspielerin dargestellt.

Schockierend wird die »Transvestie« dann in der 9. Sephira,

der Phalluspotenz (Jessod oder Zaddik), die als »Fundament« verstanden wird. Diese »in oft unverstellt phallischer Symbolik beschriebene Potenz der Zeugung« (Gershom Sholem)[17], durch die die Heilige Hochzeit »garantiert und vollzogen wird«, wurde in der christlichen Darstellung des Adam Widmannstädters zur Herkules-Manneskraft. Sie ist nun in Teinach eine schwangere Frau, gelb-sonnenfarben gekleidet mit grünem Tuch, einem Strahlenkranz um den Kopf und auf einer Mondsichel stehend. Sie schwebt zwischen Tempel und Garten, halb himmlisch, halb irdisch und stellt nun wirklich ein neues »Fundament« dar. Diese Darstellung erinnert an die Bilder des schwangeren Sonnenweibs in der Apokalypse. Das »Fundament« ist neu gelegt: nicht die Zeugungskraft wie in der jüdischen Tradition und nicht die Herkuleskraft wie in der christlichen Kabbala trägt und erhält die Erde, sondern die Fruchtbarkeit der Frau. Die letzte Sephira schließlich, die im jüdischen Lebensbaum die Malchut, die weibliche Schechina oder das Weibliche schlechthin ist, mit der sich die 9. phallische Sephira vereint, ist hier nun der Christus, das männliche Produkt weiblicher Fruchtbarkeiten. Der Teinacher Sephirotbaum ist nicht nur mit weiblich dargestellten Tugenden bestückt. Er ist kein Tugendbaum. Er enthält ein anderes Sexualgerüst. Er sieht die schaffenden und gestaltenden Kräfte Gottes in der Welt als weibliche Fruchtbarkeiten an, aus denen das Heil, der Christus, hervorgeht.

Das Weiblich-Demiurgische, das in der 3. Sephira der jüdischen Kabbala in die Schöpfung einfällt, entfällt nun in Antonias Frauenbaum. Schillernd, frauenspezifisch und vorpatriarchal ist dafür in der linken Seite ihres Baumes die Darstellung der Schlange. Sie ist in der Hand der Bina, des Heiligen Geistes, hoch und triumphierend erhoben. Sie hängt im Bild der ehernen Schlange am Stamm (das Gegenbild zum gekreuzigten Christus). Sie trägt zu Füßen des Jakobssohnes Dans eine Krone, die – wie Ernst Harnischfeger meint – »auf ihre zukünftige Wandlung hinweisen könnte«.[18] Auf ihr steht schließlich der Christus, das traditionelle Bild von Herrschaft. Doch kann in solchem kosmischen Gartenparadies dieser Herrschaftsakt nicht auch als Sieg ohne Tod gedeutet werden? Die Schlange in ihrer schillernden Bedeutung als Lebenskraft oder als das Böse anzunehmen, ist das Angebot der Teinacher Tafel, ein Denken, das jeder metaphysischen Festlegung des Bösen, sei es im Weiblichen oder Männlichen, widersteht. Wo das Weibliche nicht mehr demiurgisiert, sondern integriert wird, ist auch die Natur integriert und nicht mehr Objekt der tödlichen Beherrschung.

Hat Antonia den Urmenschen Adam Kadmon durch eine Urfrau ersetzt? Christa Mulack hat in einer Untersuchung: »Die Weiblichkeit Gottes« aufzuzeigen versucht, daß der kabbalistische Sephirotbaum mit seinen dominierenden männlichen Potenzen ursprünglich der Lebensbaum war, der die große Mutter, die vorpatriarchale Göttin, repräsentierte:

»Wir haben allen Grund zu der Annahme, daß der Sephirotbaum ursprünglich der Psychologie des Weiblichen entsprach, da er das Symbol der Göttin darstellt.«[19] Auch wenn diese Untersuchung vor allem religionspsychologisch relevant ist, so macht sie doch auch historisch klar, daß z. B. Hochma und Tif'eret-Rachamin weibliche Vorstellungen sind, die offensichtlich männlich okkupiert wurden. Hat Antonia ohne religionsgeschichtliche Kenntnisse zu haben, diesen Lebensbaum Göttin gemeint?

Im Unterschied zu Mulack, die im jüdischen Denken »die Ausmerzung weiblicher Elemente« aufweisen und für die Gegenwart das Symbol der großen Mutter erneuern will, geht es Antonia vor allem um die heilsgeschichtliche Zusammenschau von Judentum und Christentum im kosmischen Christus, der aus den weiblichen Urkräften des jüdisch-christlichen Gottes geboren wird. Nicht der immer wiederkehrende Kreislauf der Natur und die aus ihr entnommene Dominanz der Weiblichkeit sind Antonias Anliegen, sondern eine neue, integrierende Christusschau der Welt, die durch die kreativen weiblichen Kräfte nun zum ersten Mal transparent werden soll.

Die Teinacher Lehrtafel kritisiert und verwandelt gründlich die patriarchale Weltschau von jüdischer Mystik und christlicher Theologie. Sie räumt auf mit der Sicht, die Welt bestünde aus Männerkraft, Männerpotenzen und Männerbildern. Sie räumt auch auf mit der Sicht, das Weibliche ergänze das Männliche und sei letztlich doch immer etwas dämonisch. Die Welt wird für sie durch weibliche Kräfte zusammengehalten. Fruchtbarkeit, Macht, Wissen und Weisheit durchdringen sie und bringen den Christus hervor. Ein farbloses protestantisches Gottesbild nahm hier vitale und farbenprächtige Formen an. Eine stets blaß gebliebene dreifaltige Gottesvorstellung wurde bunt und bewegt in Frauengestalten. Die Gnade war nicht mehr ein von oben gewährtes Lebensrecht, sondern ein überquellendes Füllhorn guter Gaben. Erhalten blieb der männliche Christus, aber nicht nur als leidender, gekreuzigter Gottesknecht, sondern auch als Inbegriff der Weisheit und des Wissens. Erhalten blieb eine reiche jüdisch-christliche Tradition, in die aber der Kosmos mit naturwissenschaftlichem Anschauungsmaterial und alten Symbolen neu integriert wurde.

Weibliche Heilsschau

Friedrich Christoph Oetinger, der württembergische Theologe, der die Leiblichkeit Gottes wieder entdeckte, hat 100 Jahre nach der Entstehung der Lehrtafel schon klar die bewußte weibliche Darstellung hervorgehoben. Von den ersten drei Sephirot schreibt er: »Jeder Abglanz ist als eine Jungfrau gemalt, ohne Zweifel, wie man aus dem Auszug aus dem Sohar sieht, weil die ganze Herrlichkeit Gottes als eine Matrone in weiblicher Gestalt beschrieben ist.« Und die übrigen Sephirot beschreibt er: »Dies sind die sieben Geister Gottes, jeder im Foeminino, wie denn das Wort Gottes im Hebräischen auch weiblich, sie, Geist lautet.«[20]

Von Anfang an ist angezweifelt worden, ob der Turm oder Epitaph der Antonia wirklich ihr zuzuschreiben ist. Schon in seiner Einweihungsrede nannte der Tübinger Professor Raith seinen Schüler Strölin, den Hebräisch-Lehrer Antonias, als geistigen Urheber.[21] 1966/67 schrieb Friedrich Häussermann herablassend von der »frommen Phantasie einer unvermählt alternden Fürstin«. Zumindest hätte Strölin die Tafel »in Form und

Begriff« gebracht.[22] Mir scheint es jedoch nicht denkbar, daß ein Kabbalist und christlicher Theologe ein weibliches Modell für den Teinacher Lebensbaum ersonnen hätte. Erstaunlich wäre darüber hinaus, daß er einen rein weiblichen Heilszug sich ausgedacht oder eine Frau als Subjekt der Heilsschau eingesetzt hätte. Mögen auch Vorstellungen von der Sophia, die in die Geheimnisse der Kabbala einführt, wie sie später 1677–84 auf dem Deckblatt der »Kabbala Denudata« des Knorr von Rosenroth erschien[23], bekannt gewesen sein, hier handelt es sich um keine symbolische, sondern um eine konkrete geschichtliche Persönlichkeit. Daß Antonia dabei ohne die Kenntnisse und die vielen Anregungen ihres Arbeitskreises nicht zu denken ist, steht außer Frage. Doch es wäre absurd, die Subjektivität und Phantasie einer Frau einem Manne zuzuschreiben. Für sie war das Fundament und der Zusammenhalt der Welt nicht aus männlicher Potenz oder männlicher Kraft zu verstehen, sondern aus der Fruchtbarkeit der Frau. Teinach ist ein Lobgesang auf die schöpferischen, gebärenden, liebenden Kräfte der Frauen, die mehr allerdings als nur Kinder zur Welt bringen. Teinach ist das religiöse Kunstwerk einer Frau, das in seiner Grundstruktur keine männliche Handschrift trägt.

Ist Antonia die erste Kabbalistin?

»Die lange Geschichte der Kabbala kennt keine Kabbalistinnen«, schreibt Gershom Sholem. »Keine Rabia, wie in der frühen Mystik des Islam, keine Mechthild von Magdeburg, keine Juliana von Norwich, auch keine heiligen Thereses sowie all die anderen Repräsentantinnen der christlichen Mystik begegnen dem Historiker der Kabbala auf seinen Wegen. So ist ihr der Reichtum weiblicher Wesensäußerungen versagt geblieben, der für die Geschichte der nichtjüdischen Mystik so große Bedeutung erlangt hat ...« Allerdings fügt er erleichtert hinzu, daß sie deshalb auch »von der gefährlichen Neigung zu hysterischer Extravaganz verhältnismäßig frei geblieben sei ...«(!)[24]

Der Kabbala-Kenner Werner F. Bonin meint, daß Antonia und ihre Mitarbeiter glaubten, das Neue Testament erfülle das Alte, das Christentum das Judentum, und so sollte die christliche

Kabbala die jüdische vollenden: »Mit der Frau Antonia wird die Kabbala ergänzt zur Vollkommenheit ...«[25]

Was Antonia und ihr Freundeskreis dachten, wird vielleicht an den zwei Innenbildern der äußeren Altarflügel noch deutlicher, die bisher als nebensächlich angesehen wurden. Auf dem linken ist es Nacht. Der Mond scheint durch die Zweige eines Baumes, und Josef führt mit einer Laterne Maria und das Jesuskind nach Ägypten. Es ist die linke, dunkle, unerfüllte Seite der Geschichte. Geht das Jesuskind der christlichen Kabbala wie die Schechina der jüdischen Kabbala ins Exil? Im Sohar heißt es einmal: Zu Zeiten kostet die Schechina von der andern, bitteren Seite, und ihr Antlitz ist dann dunkel. »Nicht zufällig«, so Gershom Sholem, »tritt in diesem Zusammenhang uralte Mondsymbolik wieder hervor. Unter diesem Aspekt gesehen, erscheint dann die Schechina als der ›Baum des Todes‹, vom Baum des Lebens dämonisch abgetrennt.«[26]

Auf der rechten, der erfüllten Seite ist es heller Tag. Eine Gruppe von sieben Frauen, darunter eine Königin und eine schwarze Frau, beugen sich gespannt auf ein Kästchen hinunter, in dem das Kind Mose im Schilf liegt. Im Hintergrund eine winzige Gestalt, die zurückbleibt: Mirjam, die Schwester des Mose, die ihn vor den Soldaten des Pharao versteckt hat. Wie die Maria auf der linken Seite, trägt sie ein rotes Kleid und einen blauen Mantel. Maria-Mirjam, die jüdische Mutter, die ihr Kind ins Exil gerettet hat, bleibt zurück. Das Kind, das Heil, die Verheißung, wird von den Heiden aufgegriffen. Und es sind die Heidinnen, denen es gelingt. Die versteckte Botschaft von Teinach ist eine Botschaft an die Frauen, das Heil aufzunehmen, weil es ohne sie nicht zu denken ist.

Antonia brauchte die Kabbala, um die heilsgeschichtlichen Zusammenhänge zwischen Judentum und Christentum und zwischen Religion und Natur aufzuzeigen — eine Chance, die ihr die christliche Theologie nicht bot. Aber die Kabbala mit ihrer patriarchalen Geschlechterschau genügte wiederum nicht, um den führenden Anteil der Frauen dabei darzustellen. Durch das Medium Kunst gelang es ihr, unangreifbar und unwiderlegbar eine weibliche Heilsschau malen zu lassen in einer Eigenständigkeit, wie sie kaum eine andere Gotteslehrerin entwickelt hat. Sie gehört in die Geschichte der Gegentradition der Frauen, die wie z. B. Hildegard von Bingen oder Anna Maria Schürmann gegen die männlichen Bilder eigene Gottesbilder setzten. Antonia als Gotteslehrerin lehrt uns, Theologie nicht Männerphantasien von Macht und Potenz zu überlassen. Sie lehrt uns, eigenen Bildern Recht und Raum zu geben, um wirklich die Ganzheit Gottes und der Schöpfung sinnenhaft und geistig präsent zu machen.

Anmerkungen

1. Literaturhinweis: *Ernst Harnischfeger*, Mystik im Barock, Stuttgart 1980.
2. *Judy Chicago*, The Dinner Party. A Symbol of Our Heritage, New York 1979. Der Journalistin und Kunstgeschichtlerin Maria Schwelien verdanke ich wichtige Hinweise und Betrachtungsweisen für diesen Aufsatz.
3. *Elisabeth Gössmann (Hg.)*, Eröffnetes Cabinet deß Gelehrten Frauen-Zimmers durch Johann Caspar Eberti. Frankfurt/Leipzig 1706. München 1986, Bd. 3, S. 24 f. Vgl. auch Bd. 2, S. 133.164.
4. Dazu: *Friedrich Häussermann*, Pictura Docens, Blätter f. Württ. Kirchengeschichte, 1966/67, S. 65 ff.
5. AaO. S. 74.
6. *Guillaume Postel*, Les Très Merveilleuses Victoires des Femmes. Slatkin Reprints Genève 1970.
7. *Carolyn Merchant*, Der Tod der Natur, München 1987, S. 244 ff.
8. *Ernst Benz*, Die christliche Kabbala, Zürich/Stuttgart, 1958, S. 18.30.
9. *Friedrich Christoph Oetinger*, Die Lehrtafel der Prinzessin Antonia, 2 Bde., Berlin 1977.
10. Der Sohar. Hg. Ernst Müller, S. 120.
11. *Gershom Sholem*, Die jüdische Mystik in ihren Hauptströmungen, Frankfurt 1967, S. 40.
12. *Gershom Sholem*, Zur Kabbala und ihrer Symbolik, Frankfurt 1973, S. 141.
13. *Otto Betz*, TRE Bd. 17, S. 149–155. Kabbala im Christentum.
14. Blätter für Württ. Kirchengeschichte 1966/67, S. 65.

15. Zur Typologie des Tugendbaumes (arbor bona) s. *Gertrud Schiller,* Ikonographie der christlichen Kunst, Bd. 1, Gütersloh 1976, S. 67.
16. *Leo Schaya.* Zitiert bei *Christa Mulack,* Die Weiblichkeit Gottes, Stuttgart 1983, S. 232.
17. *Gershom Sholem,* Zur Kabbala und ihrer Symbolik, S. 140.
18. *Ernst Harnischfeger,* Mystik im Barock, S. 63. − Zur Bedeutung der Schlange in vorpatriarchaler Kultur s. *E. Moltmann-Wendel,* Das Land, wo Milch und Honig fließt, S. 115.
19. *Christa Mulack,* Die Weiblichkeit Gottes, Stuttgart 1983, S. 249.
20. *Friedrich Christoph Oetinger,* Die Lehrtafel der Prinzessin Antonia, Bd. 1, Berlin 1977, S. 95.
21. *Friedrich Häussermann,* Pictura Docens, S. 65 ff.
22. AaO., S. 71.
23. *Benz,* S. 18 f.
24. Die jüdische Mystik in ihren Hauptströmungen, S. 40.
25. *Werner F. Bonin,* Der Baum − Das Bild aller Dinge, Südwestpresse, 8. 10. 1973.
26. Zur Kabbala und ihrer Symbolik, S. 143.

2. Gott im Körper erfahren
Bibelarbeit über 1 Sam 1,1−20; 2,1−10*

Hannas Geschichte

Es gibt in unserer Kultur eine bestimmte Literaturkategorie: Mütter berühmter Söhne. Wir kennen dadurch die Mutter Augustins, die für ihren ausschweifenden Sohn betete. Wir kennen die harte Mutter Luthers, die exzentrische Mutter Schopenhauers. Wir kennen die Mutter Jesu.

Der Prozeß, wie diese Literatur entstand, ist überall der gleiche: ein Mann wird berühmt, und dann stöbert man in der Kindheitsgeschichte, ob etwas von der Mutter bekannt ist, ob sie liebend, helfend, prägend diesen Lebensweg vorbereiten half.

---

* gehalten auf dem Kirchentag in Berlin-West 1989.

Und die später entdeckte Mutter-Kind-Geschichte wird dann der männlichen Lebensgeschichte vorangestellt und schmückt sie.

Die Hanna-Geschichte ist eine solche später entdeckte Kindheitsgeschichte des in Israel verehrten Propheten Samuel. Unter Samuel hat Israel die Philister besiegt. Er war Richter und hat das Königtum installiert. Als er starb, trauerte ganz Israel um diesen unabhängigen, verehrten Führer (1 Sam 25,1).

Dem begnadeten Volkshelden scheint meist eine begnadete Mutter vorauszugehen. Das Problem dieser Mutter-Sohn-Geschichten ist allerdings, daß die Mutter im Leben des Sohnes gespiegelt wird. Ihre Geschichte ist ein Stück seiner Geschichte. Und oft bleibt die Frage: Wer war sie wirklich?

War sie ein eigener Mensch, oder löste sich ihr Leben in der Liebe und Fürsorge zum Sohn auf? Zum potentiellen Helden? Denn für jede Mutter ist ein Sohn der potentielle Held.

Oft sind die Mütter-Geschichten später geschönt worden, wie z. B. Marias Geschichte, die zur gehorsamen, ihrem Sohn untertanen Magd wurde. Mütter sind — Gott sei Dank — nicht immer eine Inkarnation von Nächstenliebe. Nur, wenn sie sie selbst sind, können sie ihren Söhnen etwas Eigenes mitgeben. Und es lohnt sich, dies herauszufinden. Wer war also Hanna?

Es war ein Mann unter den Bürgern von Rama, ein Zuphit vom Gebirge Ephraim, der hieß Elkana, der Sohn Jerohams, des Sohnes Elihus, des Sohnes Thohus, des Sohnes Zuphs aus Ephraim. Der hatte zwei Frauen; die eine hieß Hanna, die andre Peninna. Peninna hatte Kinder, Hanna aber hatte keine Kinder. Dieser Mann zog Jahr für Jahr hinaus aus seiner Stadt, um vor dem Gott Zebaoth in Silo zu beten und zu opfern. Daselbst waren Eli und seine beiden Söhne Hophni und Pinehas Priester Gottes. Wenn nun der Tag kam, da Elkana opferte, pflegte er seiner Frau Peninna und all ihren Söhnen und Töchtern je einen Anteil zu geben, aber Hanna gab er ein Stück traurig, denn er hatte Hanna lieber, obwohl Gott ihren Schoß verschlossen hatte. Ihre Nebenfrau jedoch kränkte sie dazu noch tief wegen ihres Unglücks, daß Gott ihren Schoß verschlossen hatte. So geschah es Jahr für Jahr: so oft sie zum Haus Gottes hinaufzogen, kränkte jene sie so, daß sie weinte und nichts aß. Ihr Mann Elkana aber sprach zu ihr: Hanna, warum weinst du? Warum ißt du nicht?

Warum ist dein Herz so traurig? Bin ich dir nicht mehr wert als zehn Söhne? Als man nun einst in der Halle gegessen und getrunken hatte, da stand Hanna auf und trat vor Gott, während der Priester Eli auf seinem Stuhle am Pfosten des Tempels saß, und betrübten Herzens betete sie zu Gott unter vielen Tränen; und sie tat ein Gelübde und sprach: Gott Zebaoth! Wenn du das Elend deiner Magd ansiehst und an mich denkst, wenn du deine Magd nicht vergißt und ihr einen Sohn schenkst, so will ich sein Leben Gott geben, und kein Schermesser soll auf sein Haupt kommen. Als sie nun lange vor Gott betete, während Eli auf ihren Mund achthatte — Hanna redete nämlich bei sich selbst; nur ihre Lippen bewegten sich, ihre Stimme aber hörte man nicht —, da meinte Eli, sie sei betrunken, und er sprach zu ihr: Wie lange willst du dich trunken gebärden? Mach, daß du deinen Rausch los wirst! Hanna aber antwortete: Nein, mein Herr, ich bin eine unglückliche Frau. Wein und starkes Getränk habe ich nicht getrunken, sondern ich habe mein Herz vor Gott ausgeschüttet. Du wolltest deine Magd nicht für eine Nichtswürdige halten; denn aus großem Kummer und Leid habe ich so lange geredet. Da erwiderte Eli: Gehe hin in Frieden! Der Gott Israels wird dir gewähren, was du von ihm erbeten hast. Sie sprach: Laß deine Magd Gnade finden vor deinen Augen! Und die Frau ging ihres Weges und aß und sah nicht mehr traurig aus.

Und am anderen Morgen in der Frühe beteten sie vor Gott; dann zogen sie wieder heim nach Rama. Als nun Elkana seiner Frau Hanna beiwohnte, da gedachte Gott ihrer, und Hanna ward schwanger, und am Ende des Jahres gebar sie einen Sohn und hieß ihn Samuel; denn, sprach sie, von Gott habe ich ihn erbeten.

Und Hanna betete und sprach:
Mein Herz ist fröhlich in Gott;
hoch ragt mein Horn durch meinen Gott.
Weit tut sich auf mein Mund wider meine Feinde,
denn ich freue mich deiner Hilfe.
Niemand ist heilig wie Gott;
denn außer dir ist keiner,
und es ist kein Fels wie unser Gott!
Machet nicht trotziger Worte so viel,
Vermessenes entfahre nicht eurem Mund!
Denn Gott ist ein Gott, der alles weiß,
und von ihm werden die Taten gewogen.
Der Bogen der Helden wird zerbrochen,

Wankende aber gürten sich mit Kraft.
Satte müssen sich um Brot verdingen,
doch Hungrige können feiern.
Die Unfruchtbare gebiert sieben,
dieweil die Kinderreiche dahinwelkt.
Gott tötet und macht lebendig,
er stößt in die Grube und führt herauf.
Gott macht arm und reich,
er erniedrigt und er erhöht.
Er richtet den Dürftigen auf aus dem Staube,
aus dem Kot erhebt er den Armen,
daß er sie setzte neben die Fürsten
und ihnen den Ehrenthron gebe;
denn Gottes sind die Säulen der Erde,
und er hat den Erdkreis darauf gestellt.
Die Füße seiner Frommen behütet er,
aber die Gottlosen werden zunichte im Dunkel;
denn der Mensch vermag nichts aus eigener Kraft.
Gottes Widersacher werden zerschlagen,
der Höchste im Himmel zerschmettert sie;
Gott richtet die Enden der Erde.
Er gebe seinem König Stärke
und erhöhe das Horn seines Gesalbten!*

Frauenstreit

Die Hanna-Geschichte ist nicht gerade eine gegenwärtige Lieb-
lingsgeschichte von Frauen. Denn Hanna hat nur einen Wunsch:
Kinder zu haben. Aber was soll das in einer Welt, die sowieso an
Überbevölkerung erstickt? Sie will zudem eigentlich nur einen
Sohn haben. Und das ist doch ein patriarchales Relikt in einer
Welt, deren Zukunft – wie viele meinen – weiblich sein sollte.
Sie ist Ehefrau und in fataler Weise abhängig von ihrem Ehe-
Mann und seiner Beziehung zu ihr. »Welch erbärmliches Frau-
enlos« – »ein trostloses Frauenschicksal« – so sieht Hannas
Geschichte aus der Sicht der Matriarchats-Forscherin Gerda Wei-

* von der Autorin übertragener Text.

ler aus. Andere israelitische Frauen wie Debora und Mirjam haben Heilsgeschichte gemacht. Hanna bewegt sich nur in dem ganz beschränkten Frauenrahmen. Die Prinzessin Antonia von Württemberg, die die besonderen Rollen biblischer Frauen wiederentdecken wollte, hat sie zwar zur »Tempeldienerin« gemacht. Und in der jüdischen Tradition gilt sie als »Prophetin«. Doch das ist spätere Aufwertung. Und schließlich irritiert: Sie wirkt so altmodisch fromm. Sie erwartet alles von außen und nichts von sich selbst. Sie ist depressiv und traurig. Was soll sie uns sagen, die wir nicht in Kindern die Heilung der Welt finden, die wir nicht von anderen, von Männern und von außen Veränderungen erwarten? Die wir begonnen haben, uns selbst und unsere Kräfte aufzuwecken?

Doch es lohnt sich, der Hanna und ihren Problemen näher nachzugehen. Lassen wir uns zunächst einmal auf ihre soziale Situation ein: Ein Familienvater Elkana macht jedes Jahr mit seiner Familie von Rama im Gebirge Ephraim eine Art Familienwallfahrt zum Standort der Stiftshütte nach Silo. Scheinbar ein Familienbrauch, der unabhängig von den drei saisonbedingten jüdischen Festen gepflegt wurde. Dort, in Silo, regieren der Priester Eli und seine Söhne. Elkana opfert, verteilt die Opfermahlzeit an seine Familie. Es ist ein großes, fröhliches, geselliges, üppiges Familienfest, das den Alltag unterbricht. Wir sollten dies Ereignis vielleicht mit unseren abendländischen Erwartungen auf Weihnachten vergleichen.

Doch wie bei jeden großen Festerwartungen ist schließlich ein Haar in der Suppe. Konflikte bleiben nicht aus. Und in Silo bei Elkanas Familienwallfahrt ist es nicht anders. Die beiden Frauen Elkanas Pennina und Hanna kommen nicht miteinander aus. Und das ist nicht nur einmal so. Der Konflikt ist chronisch. Zu Hause im Gebirge von Ephraim in Rama wohnen sie vielleicht in getrennten Hütten oder Zelten. Da können sie sich aus dem Weg gehen. Hier in Silo stoßen sie aufeinander. Und stets ist der Anlaß der gleiche: Der Familienvater teilt das Opferfleisch aus: Der einen muß er viel geben, denn sie hat viele Kinder, und der anderen kann er nur ein Stück geben, denn sie hat keine Kinder.

Und jedesmal macht ihn das traurig, denn sie, die Kinderlose, hat er besonders gern. Ich stelle mir die Szene plastisch vor: Der ganze Familienclan sitzt im Tempelhof und wartet auf die Opferstücke. Elkana ist gerecht und muß seiner kinderreichen Frau Pennina und ihrer Brut viel geben und vielleicht mit einem leisen Bedauern und einem Stich im Herzen, und dann kommt die Frau an die Reihe, die er besonders gern mag, und ihr kann er nur ein Stück geben. Seine Liebe und seine Gerechtigkeiten geraten in Konflikt. Er gibt ihr das Stück »traurig«, heißt es in unseren Bibeln. Eigentlich ist damit »zornig« gemeint. Zornig auf die ungerechten Verhältnisse erfüllt Elkana seine Familienpflichten. Seinen Zorn kann er nicht verbergen. Er steht ihm wohl im Gesicht geschrieben. Er ist in seinem Verteilen zu spüren. Und das ist der eigentliche Auslöser für den Familienkonflikt.

Seine beiden Frauen trennt ein tiefer Graben. Der ist schon genug Anlaß für einen Streit: die eine hat Kinder, die andere ist kinderlos. Ein uralter, bis heute fortdauernder Frauenkonflikt. Die eine fühlt sich erfolgreich und sozial anerkannt, denn sie hat das geleistet, was in einer auf Volkserhaltung ausgerichteten Gesellschaft wichtig scheint: die Sicherung, den Fortbestand der Gesellschaft. (In unserer Gesellschaft würde man ihr dankbar die Sicherung der Rentenzahlungen zuschreiben!) Ich sehe sie richtig vor mir: diese Erfolgreiche, mit der Kinderschar, mit der sie sich umgibt, und die lange der Traum jeder Frau war. Mutterkreuz und Kindergeld eingeschlossen. Sie ist so, wie man sie möchte, wie die Gesellschaft sie anerkennt – ohne dieses ewige Hadern, diese Unzufriedenheit und diese Zerrissenheit. Die andere sieht sich in ihrer traditionellen Frauenrolle als Versagerin: Indem sie keine Kinder hat, hat sie nichts, tut sie nichts, ist sie nutzlos. In einer Gesellschaft, die die Frauenaufgabe in der Reproduktion sieht, gilt sie als erfolglos. Kinderlosigkeit ist ein persönlicher Schmerz. Aber wir sollten immer auch den Druck und die Erwartungshaltung der Gesellschaft dabei sehen, die diesen Schmerz verdoppelt, vertieft und Frauen doppelt schädigen kann.

Aber nun macht nicht die Traurige und Erfolglose den Ärger, sondern die, die sowieso schon alles hat: Kinder und soziale

Anerkennung und jede Menge Opferstücke. Fühlt sie sich nicht genug anerkannt von Elkana? Spürt sie, wie er die andere innerlich bevorzugt? Ist seine Liebe zu ihr enttäuschend?

Sie, die scheinbar alles hat, vermißt wohl die ernsthafte Zuneigung und vielleicht auch die Anerkennung durch ihren Mann, und deshalb beginnt sie regelmäßig, die bevorzugte Frau zu kränken, zu beleidigen, daß diese keine Kinder hat. Sie wird die Widersacherin der Hanna.

Und das wird wie ein Ritual und geschieht jedes Jahr aufs neue.

Es gibt eine erschreckende Frauenbosheit, die ganz tief steckt und sich vor keinem Mittel scheut. Die große Sensibilität, die Frauen für gewöhnlich haben, wird benutzt und dazu mißbraucht, die Schwachstellen der Gegnerin herauszufinden und sie da zu verletzen. Und diese teuflische Fähigkeit wird geschürt durch die tiefe gesellschaftliche Unsicherheit, den Mangel an Anerkennung, Liebe und Geborgenheit, an dem viele Frauen leiden. Pennina spürt, daß Elkanas Herz woanders, nicht für sie schlägt. Das macht sie böse. Und diese Bosheit läßt sie Hanna spüren, und das macht das Leid der kinderlosen Hanna unerträglich. Sie fängt an zu weinen. All ihr Leid läuft aus ihr heraus: das Leid, keine Kinder und eine böse Feindin zu haben. Das Leid, nicht anerkannt zu werden und neben der heimlichen Selbst-Verachtung auch noch die Verachtung von außen zu erfahren. Und dann beginnt sie, nicht zu essen. Sie beginnt einfach, ihre Existenz zu verweigern. Essen hält Leib und Seele zusammen. Nichts soll Hannas Leib und ihre Seele mehr zusammenhalten. Hungern ist die letzte Waffe der Ohnmächtigen.

Der liebe Mann

Elkana ist nicht taub und blind. Elkana sieht das alles. Aber er ist merkwürdig hilflos in diesem Dilemma. Was soll er tun angesichts der gräßlichen Waffe Frauentränen? Und dann sagt er den klassisch gewordenen Satz, der alle patriarchalen Gesetzmäßigkeiten, auf die wir gelernt haben zu starren, durchbricht:

»Hanna, warum weinst Du und warum ißt Du nichts? Und warum ist Dein Herz so traurig? Bin ich Dir nicht mehr wert als zehn Söhne?«

Ach, Elkana, deine Worte sind wunderbar. Sie gehen zu Herzen und zeigen uns eine Liebe, die immer wieder quer durch alle Strukturen, Gesellschaften und Erwartungen geht. Eine Liebe, die nichts will als den anderen, die andere, ohne alle Beigaben: Söhne, Töchter, Reichtum, Ansehen, Schönheit.

Ach, Elkana, Deine Zärtlichkeit tut wohl. Nur, was ist sie, wenn unser Grundwertgefühl verletzt ist? Du denkst, alles kleine Frauenleid läßt sich mit männlicher Zärtlichkeit beseitigen. Eine Umarmung trocknet Tränen, und dann ist alles gut. Du hast ja mich — willst Du sagen. Was soll Dir denn diese ganze Brut von Söhnen, die oft unerfreulich sind!

Ach, Elkana, Du meinst es so gut, wie Mütter es gut mit ihren Kindern meinen, deren Kummer eine Umarmung ersticken kann. Aber Frauen sind keine Kinder. Wenn ihr Grundrecht verletzt ist, kann kein Kuß es heilen. Keine schönen Worte können den Schaden gutmachen.

Ach, Elkana, Du hast Söhne, Du *hast* Grundrechte in dieser Gesellschaft. Du stehst auf festem Boden. Du verstehst nichts von Deiner Frau. Du siehst nicht, wie ihr der Boden unter den Füßen weggezogen wird, einmal durch die Kinderlosigkeit und dann durch die Frauenkonkurrenz, die ihr das Elend täglich vor Augen bringt.

Elkana, Du bist so hilflos und ungeschickt, wie wir miteinander oft sind, wenn wir uns trösten wollen und unsere Zuwendung den anderen, die andere, in ihren Grundproblemen nicht erfaßt, weil unsere Liebe zu eng ist, um andere in ihrem Anders-Sein zu verstehen.

Die Familienwallfahrt wird zur Tragödie. Die Menschen leben und reden aneinander vorbei. Was zu Hause unterm Teppich blieb, geschützt vom Alltag, seinen Pflichten und Routinen, das bricht jetzt voll heraus. Was gefeiert werden sollte, die Nähe und Zuwendung Gottes — das ist meilenweit entfernt. Der Gott Israels, der Leben gibt, hat Hanna vom Leben ausgeschlossen.

Und die Liebe und Nähe zueinander, die im gemeinsamen Gottesdienst gefeiert werden soll, ist unwirklich. Die Liebe, die der Familienvater geben will, kann nicht angenommen werden, und die Liebe, die er nicht geben kann, bringt die Beziehungskonflikte zur vollen Blüte.

Hannas Alleingang

Die Familiengeschichte ist nun zu Ende. Aber jetzt beginnt die eigentliche Geschichte: Hannas Geschichte, Hannas Alleingang, und es scheint, als ob die tapsige Zuwendung Elkanas doch etwas bewirkt hat, auch wenn sie danebenging: Solange die Familie mit Essen und Trinken im Tempelhof beschäftigt war, hat Hanna dort ausgehalten. Jetzt steht sie auf und geht wieder zum Tempel zurück. Eine Frau allein im Tempel — sicher nicht ungewöhnlich, aber doch auffallend. Und der ganze Kummer, den sie bisher nur in der Familie gezeigt hat, der bricht nun noch einmal heraus. Allerdings nur in einem erstickten Klagen, Weinen, Beten, lautlos, wie es sich für eine gut erzogene Frau ziemt. Ein schreckliches Klagen, Weinen, Beten und doch ein heilsames Klagen, Weinen, Beten. Hanna kann jetzt aussprechen, was sie niederdrückt. Alle Hemmungen sind gefallen. Sie ist jetzt ganz allein mit Gott, ohne den liebenden Mann und ohne die konkurrierende Frau, ohne den ganzen lärmenden Clan. Alle Beziehungen, die sie erdrücken, die liebende und die haßerfüllte, hat sie hinter sich gelassen. Die Netze von Liebe und Haß müssen wir irgendwann zerreißen, um mit Gott zusammenzukommen.

Und dann riskiert sie in ihrem Alleingang noch etwas: Sie legt ein Gelübde ab, ohne ihren Mann zu fragen. »Gott Zebaoth«, betet sie, »wenn Du das Elend Deiner Magd ansiehst und an mich denkst, wenn Du Deine Magd nicht vergißt und ihr einen Sohn schenkst, so will ich sein Leben Gott geben, und kein Schermesser soll auf sein Haupt kommen.« Jetzt ist ihr eigenwilliger Weg offensichtlich: Nach israelitischem Gesetz sollte eine verheiratete Frau ihren Mann um die Einwilligung gefragt haben, wenn sie ein Gelübde ablegt. Denn ein verheirateter Mann hat das Recht, gegen ein Gelübde seiner Frau oder Tochter noch am selben Tag ein Veto einzulegen. Andernfalls bleibt das Gelübde gültig. Von Elkanas Zustimmung ist nichts gesagt. Hanna handelt demnach ganz auf sich gestellt, wie eine Witwe oder Geschiedene. Deren Gelübde waren nicht anfechtbar. Aber Hanna hat einen Mann, und sie verfügt trotzdem selbständig über einen eventuellen Sohn. Sie hat jetzt nicht nur die gute Sitte, sie hat auch ihren Ehefrau-Status hinter sich gelassen.

Alleingänge von Frauen sind nicht ohne Folgen. Die Frau, die da vor sich hinbetet, weint, die Lippen bewegt, fällt auf. Der Priester Eli, der sie beobachtet, hält sie für eine Betrunkene und stellt sie zur Rede. Frauen, die Alleingänge machen, wirken – bis heute – oft verrückt, hysterisch, ekstatisch, gefährlich. Hanna muß sich rechtfertigen, aber sie läßt sich nicht einschüchtern. Sie kann nochmal ihre Situation schildern und ihren ganzen Kummer erzählen. Der Priester Eli stößt sich nicht an ihr. Er akzeptiert sie und verheißt ihr Gottes Hilfe. Hanna kehrt zur Familie zurück, sichtbar erleichtert, schon halb getröstet. Sie ißt wieder etwas. Leib und Seele kommen wieder zusammen. Und sie sieht nicht mehr ganz so traurig aus. Am anderen Morgen bricht sie mit dem Familienclan nach Hause auf. Die Wallfahrt ist beendet.

Wir müssen uns den Alleingang Hannas noch einmal vergegenwärtigen. Sie ist allein zum Tempel gegangen, hat gegen die Sitten ein Gelübde getan, mit dem Priester diskutiert und sich verteidigt. Sie hat sich nicht gescheut, allein und unmittelbar mit Gott in Verbindung zu treten.

Um ihr ein Stück näherzukommen, müssen wir uns ihren Kinderwunsch noch genauer ansehen. Den Wunsch nach Kindern gibt es zwar überall in der Welt, den Wunsch nach etwas Eigenem, das uns Kontinuität gibt, den Wunsch nach Wärme und Nähe, die aus uns selbst kommt. In allen traditionsreichen patriarchalen Gesellschaften ist dieser Wunsch nun noch spezifiziert auf den Wunsch nach Söhnen, denn sie setzen den Familiennamen fort, erben Hof und Geschäft und sind ein Ruhmesblatt nicht nur für den Vater, sondern auch für die Mutter.

Das Alte Testament ist voll von der Sehnsucht nach Söhnen, vom Schmerz der Kinderlosigkeit und der Hoffnung auf Erfüllung. Sara, Rebekka, Rachel, die berühmten Urmütter der israelitischen Geschichte sind davon betroffen: Sara ist alt und lacht ihr berühmtes Lachen beim Gedanken an eine Schwangeschaft. Rebekkas Leib ist »verschlossen«. Rachel zischt ihren Mann zornig an: »Schaffe mir Kinder oder ich sterbe!«

Aber da ist etwas anderes in der Hanna-Geschichte: Bei Sara, Rebekka und Rachel sind es vor allem ihre Männer, die Erzväter, die mit Gott hadern, an Gott zweifeln und zu Gott um Nachwuchs beten. Für die kinderlosen Erzmütter kämpften die Erzväter, die um die Verheißung bangten. Hier ist es die Frau selbst, Hanna, die den Sohn herbeifleht, allein und ohne männliche Unterstützung. Hanna ist eine Einzelkämpferin. Und dazu kommt noch eine erstaunliche Anmaßung: Auf den Erzvätern und Erzmüttern lastete ein religiöser Druck: der Druck, die Verheißungen Gottes könnten in sich zusammenfallen. Die Verheißungen auf den Messias, das Kind, den Sohn, den Erlöser. Hanna hat dagegen keine religiöse Tradition hinter sich und vor sich. Was sie tut, tut sie für sich, für ihre Person, für ihre Erfüllung. Sie hat auch keine Familienpflichten zu erfüllen: Elkana hat Söhne von Pennina, und die ist keine Nebenfrau. Sie kämpft als Frau mit Gott für *ihr* Recht, für *ihre* Glaubwürdigkeit. Sie gehört nicht in die traditionelle Heilsgeschichte. Sie hat nur eine persönliche Geschichte. *Sie* braucht ein Kind und nicht die Familie. Sie steht unter keinem familiären Zwang. Sie hat keinen traurigen kinderlosen Ehemann zur Seite und den ständigen Vorwurf, kinderlos zu sein. Im Gegenteil: Elkana scheint genug an den vorhandenen Söhnen zu haben. Hanna will keine Heilsgeschichte machen. Sie will Persönlichkeitserfüllung. Sie will sie selbst sein. Anerkannt und geachtet im Familienverband und in der Gesellschaft. Anerkannt und geachtet auch von Gott.

Dafür kämpft sie: mit ihren Tränen, mit ihrem hungernden Körper, mit ihrem Ansehen − selbst auf den Verdacht hin, verrückt und betrunken zu scheinen. Hanna kämpft für ihre Existenz. Nicht für irgendein Dahinvegetieren. Nein, sie kämpft für ihre volle, ganze Anerkennung als Frau in einer Gesellschaft, in der nur der Sohn der Mutter Anerkennung geben kann. Hanna können wir nicht mit einer modernen Frau vergleichen, die sich mit allen Mitteln ein Kind wünscht und es mit medizinisch-technischen Mitteln versucht. Nein, sie kämpft für ihr Menschenrecht. Und Gott ist, muß auf ihrer Seite sein. Hanna ist wie ein Jakob am Jabbok: »Ich lasse dich nicht, du segnest mich denn.« Gott muß ihr Anerkennung verschaffen. Sie ist einen langen Weg durch Leiden, Depression, Verachtung und Unsicherheit gegangen. Jetzt ist sie angekommen, wo sie nur noch sagen kann: Gott und Ich auf der einen Seite, der Tod und das Nichts auf der anderen Seite.

Für viele Elkanas, Penninas, frühere Hannas, Elis mag das unverständlich sein. Viele Elkanas möchten lieber eine Frau, die nicht so zäh ist, an ihrem Traum festzuhalten, und die sich gern trösten und in die Arme nehmen läßt. Manche Penninas verstehen den Aufwand nicht, der da betrieben wird, weil sie erfolgreich sind und an der Oberfläche des Lebens und der Anpassung verblieben sind. Manche frühen Hannas haben Angst vor so viel Angstlosigkeit und Energie, weil sie sich selbst nur noch das Trauern zutrauen. Manche Elis sind noch immer entsetzt über soviel Alleingang von Frauen, soviel Trunkenheit, soviel »trunkene Flut«, soviel Engagement und Irrationalität. Aber einige Elis haben gelernt, ihre Ohren zu öffnen, zuzuhören, aufzunehmen, was ihnen anfänglich so fremd schien. Sie haben gelernt, ihre eigene Sichtweise zurückzustellen, ihr eigenes Urteil zurückzunehmen, und sie bekommen so etwas wie Ehrfurcht vor dem Weg, den manche Frauen mit Gott gehen. Ich wünsche mir mehr solcher Elis, die Frauen auf ihren neuen Wegen mit dem Friedensgruß grüßen. Die neue Hanna ist allein, und sie blickt nicht mehr zurück. Sie geht ihres Wegs, auch wenn sie zunächst mit dem Familienclan nach Rama zurückkehrt.

Wir müssen noch einmal zurückfragen, was Schwangerschaft im Alten Testament, im Kulturkreis Hannas heißt, denn so einfach können wir ihre Geschichte nicht in unsere Geschichte übertragen. Für viele Frauen ist eine Schwangerschaft eines der beglükkendsten Erlebnisse, die es in ihrem Leben gibt: etwas Neues, ein Mensch entsteht auf wunderbare Weise in uns. Wir geben Leben weiter. Unser Leben ist nicht abgeschlossen, sondern bekommt eine neue Dimension. Für viele Frauen ist allerdings Schwangerschaft auch so etwas wie eine Naturkatastrophe, die sie ereilt und die alle anderen Pläne zunichte macht, die Frauen hilflos, abhängig von anderen, von Sozialämtern, Männern, Müttern macht. Viele Frauen können heute nicht mehr unbedingt in einer Schwangerschaft die Nähe Gottes erleben. Und zunehmend entdecken Frauen auch, daß sie anders fruchtbar sind als nur im Kinderkriegen. Das alte Muster, daß eine Frau nur eine richtige Frau ist, wenn sie Kinder hat, tritt zurück zugunsten der Achtung der Frau, wie sie ihr Leben selbst und unabhängig gestaltet. Die alte Demütigung »Hast du keine Kinder, dann bist du nichts« wird auch immer häufiger durch biologische Erkenntnisse rationalisiert. Ein Großteil kinderloser Ehen geht auf die Unfruchtbarkeit des Mannes zurück. Medizinische Forschung kann bei Frauen und Männern Hindernisse aufzeigen, die Schwangerschaften schwierig oder unmöglich machen. Wir können nicht mehr so einfach Gottes Segen und Kindersegen in eins setzen. Die Fruchtbarkeit von Frauen hat heute viele Gesichter.

Das Alte Testament macht es uns damit zunächst einmal schwer. Die Verheißungen Gottes hängen an der Biologie, an der Fruchtbarkeit der Frau. Die Verheißungen, ein großes Volk zu werden, das Land, wo Milch und Honig fließt, zu erreichen, den Messias, der Gerechtigkeit bringt, zu erwarten. Wenn wir noch näher in die hebräischen Vorstellungen einsteigen, dann wird es noch deutlicher: in der Schwangerschaft zeigt sich die Schöpferkraft Gottes. Die Fruchtbarkeit der Frau ist die Fruchtbarkeit Gottes. Kaum — vielleicht nie — hat der männliche Samen und der Samengeber diese religiöse Bedeutung. Es wird in den alttestamentlichen Geschichten klar gesehen, daß der Mann und der männliche Samen zur Entstehung eines Kindes notwendig sind. Auch der Name wird in der alttestamentlichen Gesellschaft durch den Vater weitergegeben. Doch die göttliche Gegenwart und Dynamik wurde in der Frau, im Wunder ihres Körpers gesehen. Das eigentliche Wunder sind die Empfängnis und das Wachsen des Kindes im Leib der Frau. Nur Gott weiß, hat es in Händen, wie ein Mensch entsteht. »Du hast mich gebildet im Mutterleib«, heißt es im Ps 139,14. »Es war dir mein Gebein nicht verborgen, als ich im Verborgenen gemacht wurde. Deine Augen sahen mich, als ich noch nicht bereitet war.« (V. 15 f.) Noch in später Zeit schreibt der Prediger: »Gleichwie du nicht weißt, welchen Weg der Wind nimmt und wie die Gebeine im Mutterleib bereitet werden, so kannst du auch Gottes Tun nicht wissen, der alles wirkt« (Pred 11,5).

Der Leib der Frau gehört Gott. Ob er verschlossen ist oder fruchtbar — das ist das Geheimnis Gottes. Darin liegt die Unbegreiflichkeit Gottes. Die Fruchtbarkeit des Leibes ist sichtbares Zeichen seiner Gnade. Auch die politische Hoffnung ist fest mit dieser fruchtbringenden Fruchtbarkeit Gottes verklammert: Die Herrlichkeit Israels muß wie ein Vogel wegfliegen, wenn es keine Geburt, Schwangerschaft, keine Empfängnis mehr gibt (Hos 9,11). Unfruchtbarkeit ist aber deshalb noch keineswegs als Ursache von Sünde gesehen — wenn auch in einigen Geschichten als Folge von Missetat der Leib der Frau verschlossen wird. Nur — wo Frauen kinderlos waren, schien Gott fern, fern wie in der Sintflutkatastrophe (Jes 54,9). Aber wie nach den Gerichtskatastrophen klingt es durch das Alte Testament immer wieder tröstlich: »Ich habe dich einen kleinen Augenblick verlassen, aber mit großer Barmherzigkeit will ich dich sammeln« (Jes 54,7 f.). Gott kehrt zurück mit seinen Energien, seinen schöpferischen Fähigkeiten. Wenn wir uns klar machen, daß die großen sozialen und politischen Erwartungen immer nur kurzfristig erfüllt wurden und bald wieder zusammenbrachen, dann dämmert es, was die Alltagserfahrungen der Frauen von Empfängnis und Geburt bedeuten mußten: die stete Erinnerung an die immer neue Zuwendung Gottes zu seiner Erde.

Gott ist kein Phallus-Gott. Das ist zunächst einmal für Frauen tröstlich zu wissen. Die männliche Sexualität wird nicht vergötzt und vergöttlicht, wie wir es in vielen alten Kulturen, z. B. bis heute in Indien finden, wo Lingams = Phallus-förmige Gebilde jeglicher Größe aus Stein oder Metall die Tempel schmücken.

Aber Gott ist auch keine Göttin. Das mag für manche Frauen enttäuschend sein, die ein religiöses weibliches Urbild suchen. Der Gott der jüdisch-christlichen Tradition ist nicht männlich und nicht weiblich. Gott bildet den Menschen auf wunderbare und rätselhafte Weise immer wieder neu, und der Körper der Frau ist es, wo dieses Wunder leibhaftig wird. Gott ist in der Bibel in vielen männlichen Bildern vorgestellt; als Kriegsherr, Richter, Vater, Hausherr. Unsere männlich dominierte Gesellschaft hat diese Bilder mit Vorliebe weitergegeben und die mütterlichen Bilder verdrängt. Doch das Urhandeln, in dem ER/SIE GOTT Israels immer wieder vorgestellt wird, in dem seine/ihre Nähe und ihre/seine Ferne erlebt wird, ist das Wunder der Menschwerdung, und sie geschieht im Körper der Frauen.

Daraus konnte der entsetzliche Irrtum entstehen, daß eine Frau selig werden soll durch Kinderkriegen, wie er im Neuen Testament (1 Tim 2,15) auftaucht und sich durch die ganze Geschichte der Christenheit fatal hindurchzieht. Kindergebären wurde zu einer religiösen, geschlechtsspezifischen Aufgabe, durch die die scheinbar durch Evas Sündenfall gestörte Schöpfungsordnung wieder ins rechte Gleis kommen sollte.

Wir warten heute nicht mehr auf den Messias, das Kind, den Sohn, den Befreier. Das Wunder der Menschwerdung haben wir in der Geburt Jesu erlebt, ein Wunder, das mehr als alle wunderbaren Geburten ist, weil Gott Mensch wurde. In diesem Wunder spiegeln sich alle anderen Wunder der Schöpfung. Es befreit uns davon, unseren Lebenssinn und unsere schöpferische Kraft allein in der Geburt von Kindern zu sehen. Es befreit uns von der Anatomie als Schicksal. Es befreit uns zu unseren eigenen schöpferischen Fähigkeiten in der Welt.

Wir sind keine Hannas, die sich durch die Geburt von Söhnen beweisen müssen. Aber wir sind Hannas, in deren Leib und Geist, in deren Körper und Seele unausgeschöpfte Fähigkeiten stecken. An deren Unfruchtbarkeit können wir wie Hanna an ihrer Kinderlosigkeit leiden. Ich möchte den alttestamentlichen Gedanken von den unmittelbar erlebten Schöpferkräften Gottes aufgreifen, den Kräften, die in uns sind, in Leib und Leben erfahrbar, im Körper und im Geist spürbar. Hier und nicht am verkehrten Ende müßten wir neu lernen, die Bibel zu lesen. Hier ragt die Hanna-Geschichte in unsere Geschichte hinein und hat uns was zu sagen. Hier, wo Gottes Kraft, Energie, Lebendigkeit und Nähe einsetzt, müssen wir uns öffnen. Hier, wo Gott leibhaft wird in uns, wo Unfruchtbarkeit fruchtbar wird, können auch uns neue Lebensenergien wachsen.

Leibhaft glauben – politisch hoffen

Über diese schöpferischen Kräfte, die sie erlebt, hat Hanna uns ein Lied hinterlassen. Nicht ein Lied allgemeiner Mutterfreuden, wie wir es kennen, sondern ein Lied *ihrer* Gotteserfahrungen, das zu einem politischen Lied wird. Ein Lied, wie sie sich veränderte, wie die Welt für sie anders wurde.

Sie singt es, als sie ihr Recht bekommt, als sie den ersehnten Sohn bekommen, den *sie* und nicht ihr Mann »Samuel« (Gott hat mich erhört) genannt hat, den sie – getreu ihrem Versprechen – ins Heiligtum nach Silo gebracht hat, wo er zum Priester und Propheten ausgebildet werden soll. Ihren Sohn, den sie nicht als Eigentum ansieht, sondern als Bestätigung ihrer Existenz, als Bestätigung Gottes. Sie ist anders geworden. Ihre Erfahrungen, ihre Leidenschaften, ihre Leiden, Tränen, Schmerzen, Ausbrüche, Alleingänge haben sie verwandelt. Ihr Lied beginnt nicht mit großen Worten über Gott. Auch kein Wort davon, wie unsere Gebete so oft beginnen –, daß wir uns vor Gott zunächst mal klein machen. Es beginnt damit, daß sie ICH sagt. »Mein Herz ist fröhlich in Gott«. Das Herz – das ist das Innerste des Menschen, Zentrum seiner Gefühle und seines Willens, seiner Freude und seines Schmerzes. Von ihm wird der Mensch, sein Selbst, sein Ich bestimmt. Begann unsere Geschichte mit dem bekümmerten Herzen von Hanna, so ist sie jetzt von innen heraus sicher und selbstbewußt.

»Hoch ragt mein Horn durch meinen Gott« – fährt sie fort. Das Horn ist aus der religiösen Kultur übernommener Ausdruck für Stärke, und zwar für sexuelle Stärke. Das Horn hat ein Stier, und ein Stier ist im Umfeld Israels das Tier, das Symbol für Sexualkraft ist. In manchen unserer Bibelübersetzungen ist das Wort fallengelassen. Vielleicht aus Prüderie, um Anklänge an Sexualkraft gar nicht aufkommen zu lassen! Ich kann nicht anders, als darin ein heiteres Bekenntnis Hannas zur Sexualität sehen, zur Lust, in der sie ihren Sohn empfangen und ausgetragen hat und in der sie Gottes Bestätigung erlebt hat.

Und dann die dritte physische Verwandlung: »Weit tut sich mein Mund auf wider meine Feinde …« Wir erinnern uns: Bei ihrem Alleingang in den Tempel bewegte Hanna nur stumm die Lippen. Jetzt kann sie offen sprechen. Ja, mehr noch: sie kann den Mund richtig aufreißen. Sie hat etwas zu sagen. Sie hat etwas Wichtiges mitzuteilen. Was sie ehedem verschluckte, muß sie jetzt herauslassen. Und es sind ihre Feinde und ihre eigenen Aggressionen, an denen sie litt, über die sie nun reden kann. Worte können erlösen, uns selbst, anderes und andere. Vor allem zornige Worte haben eine befreiende Funktion. Wir haben nur allzu oft gehört: Dein Lob soll immerdar in meinem Munde sein. Und unser Zorn mußte unheilvoll darin ersticken. Hanna schreit etwas weit heraus und wird daran gesund.

Aber sie bleibt nicht in ihren privaten Erfahrungen stecken. Wie ihr hungernder, magerer Körper wieder kräftig und voller Leben wurde, so dreht sich die Welt für sie herum:

»Hungrige können feiern, die Unfruchtbare gebiert sieben«. Wie ihr niedergeschlagener Geist wieder Oberwasser bekam, wieder obenauf war, so kommt das Untere, Traurige, Arme nach oben: Der Dürftige wird aus dem Staub gehoben,

Wankende werden stark, Arme kommen neben die Fürsten zu sitzen.

Ihr Körper wird ein politisches Organ, ein Organ der Hoffnung. Wie sie ohne Hoffnung krank und entehrt war und wieder zu leben begann, so werden die kranken Strukturen, die ungerechten Verhältnisse wieder umgekehrt werden: Arroganz und falsches Heldentum wird es nicht mehr geben. Neben die Fürsten kommt der Arme zu sitzen. Wie Gottes Schöpferkraft in ihrem Körper lebendig wurde, so werden auch Gott und die Welt in ihrer Ungerechtigkeit nicht auseinanderfallen. Gott und seine Schöpfung können nicht getrennt bleiben − das ist Hannas leibhaftiger Glaube. Das ist Hannas politische Hoffnung, die aus ihrer eigenen Erfahrung kommt.

Sie sieht dabei nicht durch eine rosarote Brille. Sie sieht Zerstörung und verwelkende Hoffnungen, Blütenträume, die von kurzer Dauer sind. Sie sieht das Nichts und den Tod: »Die Kinderlose welkt dahin.« Meint sie Pennina, von der eine jüdische Geschichte erzählt, daß sie ein Kind nach dem anderen verlor, während Hanna noch mehrere Kinder bekam? Ich lese aus ihren Worten etwas anderes: Unsere biologischen Erfahrungen, unsere sichtbaren Erfolge sind keine Garantie für Gotteserfahrungen. Nicht der Kindersegen ist der Gottessegen, sondern die Erfahrung Gottes, der tötet und lebendig macht, den wir in der Tiefe der Angst und des Alleinseins erleben und in den Kräften, mit denen wir wieder aufstehen. Mit denen er uns lebendig und schöpferisch macht. Nicht ob wir kinderlos oder kinderreich, nicht ob wir Frau oder Mann sind, ist entscheidend, sondern wie lebendig, wie schmerzlich und schön wir Gott in unserem Leben, in unseren Sinnen, in unserer Geschichte, in unseren Körpern erfahren. Wir können dahinwelken, auch wenn unser Leben nach außen voll und reich scheint. Wenn wir Gott nicht mehr genießen und nicht mehr erleiden, sterben wir an der Dürre unserer Erfolge, am Reichtum toten Goldes. Wenn wir Gott nicht mehr in der Süße unseres Lebens erleben, ist er uns auch im Schmerz fern. Das ist die Achse ihres Befreiungsliedes.

Was hat Hanna uns heute zu sagen?

1. Hanna zeigt, daß wir nie aufhören sollen, für uns selbst, auf unsere Selbsterfüllung – sei sie Menschenrecht, Gleichberechtigung, Gleichwertigkeit, Anerkennung – zu hoffen, dafür zu beten und zu arbeiten. Sie hilft uns, nicht in Trauer, Selbstaufgabe und Selbstmitleid zu versinken. Wir brauchen allerdings keine großen Söhne mehr, um jemand, um »somebody« zu sein. Wir sind wir selbst. Gott hilft uns, unser Leben nicht zu ertragen, sondern zu erfüllen.

2. Hanna ermutigt uns, Alleingänge zu machen – gegen die Traditionen der Gesellschaft, der Kirchen, der Familien, der Frauen, und unberührt zu werden angesichts zynischer Blicke, böser Nachreden, kirchliche Mißverständnisse. Sie macht uns Mut zu Alleingängen mit Gott – unkonventionell, leidenschaftlich, hautnah und anders, als wir es gewohnt sind. Gott und Ich auf der einen Seite – so höre ich ihre Botschaft –, der Tod und das Nichts auf der anderen Seite.

3. Hanna weist uns auf etwas Vergessenes hin: In uns, in unserem Körper, unseren Organen ist Gottes Schöpferkraft präsent – gegen unser Nichts – gegen den Tod. Das sagt sie uns gegen alle vergeistigten, geistreichen und jenseitigen Hoffnungen, mit denen wir getröstet werden sollen. Das sagt sie uns gegen unsere sauberen Trennungen von Gott und Fruchtbarkeit, von Gott und Schöpfung, mit denen wir die Angst geerntet haben, Gott und Schöpfung könnten auseinanderfallen. Wir sollten mit ihr Gottes Schöpferkraft wieder spüren lernen und bewußt machen – in unsern Körpern, die noch atmen, leben und Leben weitergeben können, in unserer Phantasie und Kreativität, mit der wir Neues beginnen, in allen Menschen, die ihre Liebe zur Erde und Gottes Liebe zur Erde wieder entdecken und im Widerstand gegen ihre Zerstörung leben. Dies ist Hannas Weg, Gott im Körper zu erfahren und durch ihn zu hoffen, auf Gottes Festhalten an der Erde.

4. Und noch eines lehrt mich Hanna sehen: Wenn der Körper einer Frau als Symbol für die schöpferische Kraft Gottes lebendig und erfahrbar wird, dann können wir in der Kirche unsere Gotteserfahrungen nicht mehr nur auf Männererfahrungen aufbauen. Wenn in unserer Tradition so elementar die Energien und die Kreativität Gottes in der Geschichte und im Körper der Frauen wahrgenommen wurden, dann muß sich in der realen Glaubensgemeinschaft etwas davon niederschlagen, sonst verkümmert unsere Tradition. Wir brauchen Frauen, die ihre »Unfruchtbarkeit« in »Fruchtbarkeit« verwandeln, die uns helfen, zurückzukehren von den transzendenten Notlösungen und Gott wieder ins Leben, in den Alltag, zurückholen.

IV. SYMBIOSEN

1. Mütter — Töchter — Schwestern

Mutter-Tochter-Konflikte

»Mutter ist gegen mich, und ich bin gegen sie ... Mutter ist traurig, da sie mich doch lieb hat. Ich bin nicht traurig, da ich fühle, daß sie mich doch nicht begreift.« Dies schrieb keine aufsässige junge Frau der 80er Jahre, die sich in der gegenwärtigen Mutter-Tochter-Literatur wiedererkennt, sondern die 15jährige Anne Frank im Amsterdamer Hinterhaus.[1] Ihr Tagebuch ist voll von Anklagen gegen die Mutter, die sie zuviel ausfragt, nicht objektiv sein kann, übertreibt, ihr nicht klug genug ist und die sie nicht mehr respektieren kann. Und das Original des Tagebuchs, das jetzt herausgegeben ist, enthält noch mehr solchen feministischen Aufruhrs als die bisherige retouchierte Ausgabe. Die Mutter-Tochter-Spannung ist nicht eine Reaktion auf die drangvolle Enge im Unterschlupf — der Vater wird trotz Konflikten geliebt und geachtet —, eher der schmerzhafte, damals kaum bekannte und verschämt heruntergespielte Kampf eines selbstbewußten Mädchens gegen die Mutter, die ihre Unabhängigkeit zu bedrohen scheint.

In den Erinnerungen des polnischen Mädchens Janina David im Warschauer Getto und in den Tagebüchern der holländischen Jüdin Etty Hillesum, die später in Auschwitz umkommt, ist derselbe Konflikt beschrieben. »Ich haßte Mutter und ihre ganze Familie«, schreibt Janina David, »und ich liebte Vater und seine ganze Verwandtschaft. Ich war furchtbar stolz darauf, daß ich meinem Vater wie aus dem Gesicht geschnitten war ... Wenn ich erwachsen war, dann wollte ich genauso sein wie er; wie Mutter auf keinen Fall.«[2] Etty Hillesums tiefenpsychologische Einsichten lassen sie das Dilemma noch tiefer sehen: »Mutter saß unter vielen anderen Hausfrauen an einem langen Tisch. Sie trug ein blaues Kleid. Und sie aß. Sie ging völlig darin auf. Sie aß mit Gier und Hingabe ... Etwas war in dieser Gier, als hätte sie Angst, im Leben irgendwie zu kurz zu kommen. Es war etwas erschreckend Klägliches und tierisch Abstoßendes an ihr. So kam es mir vor. In Wirklichkeit war sie eine Hausfrau in einem blauen Spitzenkleid, die ihre Suppe aß. Aber wenn ich verstehen könnte, was alles in mir vorging, während ich sie beobachtete, würde ich viel von meiner Mutter verstehen. Diese Angst, im Leben zu kurz zu kommen, und wegen dieser Angst kommt man dann überall zu kurz, kommt man an das Wesentliche nicht heran.«[3]

Was manchen zunächst als das Phänomen einer Wohlstandsgesellschaft und einer wehleidigen Generation erscheint, die liebend gern ihre Emotionen vor anderen ausbreitet, hat schon in ausweglosen Situationen, in denen es nur ums Überleben geht, sein Vorspiel: Mütter lieben und erdrücken ihre Töchter, und die Töchter schneiden kalt ihre Bindungen an die Mütter ab, in Angst und Abwehr, den Absprung nicht zu kriegen, und sie sind ihnen so erschreckend ähnlich. Diese Töchter überlebten literarisch. Von den Müttern wissen wir nichts, als daß ihre Spuren in den Vernichtungslagern endeten. An den Abschied der Söhne von den Vätern haben wir uns inzwischen gewöhnt: er ist von Freud analysiert. Er ist gesellschaftsfähig und literarisch z. B. durch Peter Weiss, Christoph Meckel, Volker Elis Pilgrim u. a. vollzogen.[4] Der Vater-Sohn-Konflikt ist uralt, schmerzlich, aber entwicklungsnotwendig. Abraham, der sein Vaterland verläßt, Jung-Siegfried, der von des Vaters Burg herabstieg, sind Bilder erfolgreicher Individuation, die den Segen Gottes und die Bestätigung der Gesellschaft nach sich ziehen. Der Abschied der Töchter von den Müttern, der jetzt literarisch blüht, ist ungewohnt, grausamer und zerrt an Traditionen, die doch bestehen bleiben sollten. Der Abschied des Hänschen-klein tut weh, aber ist wichtig, denn »der Mann muß hinaus ins feindliche Leben.« Doch der Auszug der Töchter schneidet tief in unsere Beziehungen und verletzt Familien- und Gesellschaftsstrukturen.

Vorbilder sind selten. Der griechische Demeter-Persephone-

Mythos – an der historischen Nahtstelle zwischen matristischer Kultur und Patriarchat – erzählt von der brutalen Mutter-Tochter-Trennung durch den Gott Hades, doch zugleich auch von der teilweisen Rückkehr der Tochter.[5] Die biblische Ruth-Naemi-Geschichte hat die zusammenhaltende Treue der beiden Frauen zum Inhalt: Wo du hingehst, da will ich auch hingehen, sagt die Schwiegertochter. Treue, Liebe, Zusammengehörigkeit – das scheinen die wesentlichen Strukturen der Frauenbeziehung zu sein. Und in der neuen Literatur klingt es auch noch so: »Wie meine Mutter.« »Ich schaue in den Spiegel und sehe meine Mutter.«[6] Das Band ist da. Aber es hält heute nicht mehr. Die Ähnlichkeit wird zum Alptraum. Das Band zum zähen Kleister, der nur noch zusammenzwingt. – »Es ist, als sei die Nabelschnur niemals durchtrennt worden.«[7]

Schwierigkeiten mit der Identität

Die Ursachen sind vielfältig. In einer vaterlosen Gesellschaft, die durch die geschichtliche Arbeitsteilung entstand, haben sich die Familienstrukturen verschoben: Die Mutter-Tochter-Beziehung hat sich verdichtet. Der Vater geht seinem Beruf nach und bietet sich wenig als Identifikationsmuster an. Auf der Mutter liegt die Hauptlast der Erziehung und des Haushalts. Auf sie sind die Kinder konzentriert – in Liebe und Ablehnung.

Die sich ihrer eigenen Persönlichkeit bewußt werdenden Töchter können sich schwer mit dem alten Modell weiblicher Hingabe und Fürsorge identifizieren. Doch auch die berufsorientierte Mutter schafft, wie viele Frauen berichten, Konflikte. Nicht nur Haus- und Berufsfrau, nicht nur alt und jung stoßen sich im Raum. Der Zwist liegt tiefer, und er spiegelt zugleich den Umbruch unserer Gesellschaft wider.

Psychologische Untersuchungen der letzten 20 Jahre zeigen, daß Frauen kein ausreichendes Selbstwertgefühl haben. »Schuldgefühl« – so die Psychologin einer städtischen Nervenklinik – »ist das Grundübel weiblichen Daseins«. Die Ursache dafür sieht die Psychoanalytikerin Margarete Mitscherlich einmal in der fehlenden Liebe der Mutter zu ihrer Tochter, einer Liebe, die bedingungslos die »Andere« akzeptiert, und in dem nicht überwundenen Gefühl eigener körperlicher Minderwertigkeit.[8] Beides beruht auf der Höherbewertung des Männlichen in unserer Gesellschaft. Während der Sohn von Anfang an »der Andere« ist, ist die Tochter die Gleiche, deren Anders-sein zu akzeptieren schwer fällt. Während die Mutter den kleinen Sohn ungeteilt bewundert, was zur gefährlichen Herrenmoral werden kann, aber auch zur Grundbedingung eines gesunden Narzißmus führt, zu Selbstliebe, Selbstzentriertheit, Sachbezogenheit, beobachten Psychologen/Psychologinnen allerorts, daß Mütter ihren Töchtern das Gefühl vermitteln, sie seien nicht gut genug, so wie sie selbst – ausgerichtet an der gesellschaftlichen männlichen Norm – nicht gut genug sind. Nicht gut genug bis in ihre Körper. An die Stelle einer gesunden Selbstliebe tritt eine oft lebenslange Kränkbarkeit, eine Invasion von Schuldgefühlen in den verschiedenen Lebenssituationen. Dazu kommt die mangelnde Möglichkeit von Frauen, sich gesellschaftlich und beruflich durchzusetzen, und das Bewußtsein, trotz Pillenkultur einen Körper zu haben, mit dem nicht zu rechnen ist und dessen Wert zweifelhaft ist.

Anfänglich hatte Sigmund Freud die Minderwertigkeitsgefühle der Frau aus dem Penisneid erklärt und damit den anatomischen Geschlechtsunterschied zur Grundlage der Frauenbewertung gemacht. Psychoanalytikerinnen wie Karen Horney hatten schon in den 20er Jahren Zweifel an der Macht der Anatomie angemeldet. Karen Horney spricht von einem sekundären Penisneid, der beim Mädchen angesichts der männlichen Schau- und Zeigelust in der analen Phase aufkommt und nicht lebenslang determiniert.[9]

Aber erst die unter den Einflüssen der Frauenbewegung entstandenen Untersuchungen zeigten, wieviel stärker die gesellschaftlichen Einflüsse einer an männlichen Leitbildern orientierten Kultur Frauen »minderwertig« gemacht hatten. Biologie ist seitdem nicht mehr nur Schicksal, sondern Herausforderung, alte

Tabus aufzubrechen. Aufgabe ist es, die gesellschaftlichen Bedingungen von Frauen zu ändern.

Doch der Auszug muß auch individuell bewältigt werden. Bilder, Identifikationsmuster werden heute überall gesucht: in Göttinnen und frühen, vorpatriarchalen Kulturen, in denen der Mann noch nicht dominierte, und in kühnen Sprüngen in eine noch nie dagewesene neue Frauenkultur der Zukunft. Ein neuer Umgang mit dem nicht akzeptierten Selbst, dem ungeliebten Körper muß gefunden werden, rational oder irrational. In drei unterschiedlichen Richtungen sehe ich gegenwärtig die Fraueninteressen gehen:

1. Den Weg der rationalen, emanzipierten Frau, die auf der Hut vor einer repressiven, passiv erlebten Sexualität eine latent feindliche Haltung dem eigenen weiblichen Körper gegenüber behält. Simone de Beauvoir mit ihrer These: »Man kommt nicht als Frau zur Welt. Man wird es!«, Shulamith Firestone mit ihrer Forderung der künstlichen Insemination und Alice Schwarzer mit ihrer Verurteilung der Penetration als frauenfeindlicher Sexualität sind dafür die bekannten Vertreterinnen. Mit dem Körper wird die Mutter zurückgelassen, die rigide, verbietende Mutter, die der kleinen Tochter die Lust am Körper vergällte.

2. Weit verbreitet ist heute die Rückkehr zu bewußt erlebter neuer Weiblichkeit, wo Sexualität nicht mehr passiv erlitten, sondern aktiv erlebt wird. Eros ist das Zauberwort, mit dem Selbstliebe und Bewußtwerdung des Körpers gefeiert wird. Statt der verbietenden Mutter taucht eine kosmische, liebende und erlaubende Mutter im Hintergrund auf: die Göttin in ihrer vorpatriarchalen Gestalt. Sie ist das Symbol für eine neue Frauengeneration, die sich von Abhängigkeit, Passivität und den Normen einer Männerkultur befreit. Das Bild der Göttin, die den Heros, den Sohn, den Mann, das männliche Prinzip auf ihren Knien hält, wird das Modell der neuen Frau-Mann-Beziehung. Es demonstriert die Vormacht der Frau und die ihr zugeordnete Männerrolle. Zu fragen bleibt, ob dieses archetypische Bild eine

Frauenreligion bleibt und ob es zu einer Neuordnung unserer personalen und gesellschaftlichen Beziehung taugt.

3. Ein dritter Weg ist, am Erbe der Mütter anzuknüpfen, ohne deren Opferhaltung zu tradieren. Durch die sozialpsychologischen Untersuchungen von Jean Baker Miller, Carol Gilligan, Anne Wilson Schaef ist »die Stärke weiblicher Schwäche«, »die andere Stimme«, die »weibliche Wirklichkeit« wieder bewußt gemacht.[10] Die unterdrückte, verachtete, aber stets vorhandene Welt der Frauen hat ein eigenes Wert-, Ordnungs- und Denksystem hervorgebracht, das der Komplexität und dem Vernetztsein menschlicher Verhältnisse besser gerecht wird als z. B. ein hierarchisches Ordnungsdenken. Da wir alle in traditionellen Wertvorstellungen leben, kommt es darauf an, daß Frauen sich ernst und wichtig nehmen und diese für alle Menschen fruchtbaren Lebensmuster wieder bewußtmachen und in die Öffentlichkeit bringen. Dies erfordert allerdings eine radikale Umorientierung vom Entweder-Oder-Denken zu einer komplexeren Erfassung von Wirklichkeit, von linearer Logik zu vieldimensionaler Logik, vom Maßstab »Objektivität« zur Zulassung subjektiver, realitätsnaher Perspektiven, die den Prozessen menschlichen Lebens näherkommen. Frauen sehen sich im Spiegel ihrer Mütter, aber das Bild könnte nun zu einem Modell neuer Moral für die Zukunft werden.

Gesellschaftliche Folgen

Wer an einer Neuorientierung unserer männlichen Gesellschaft und Kirche interessiert ist, muß sich mit Melitta Mitscherlich fragen, ob Frauen nicht eine Schlüsselfunktion dabei zukommt.[11] Denn nur wer seine eigene Unterdrückung aufgearbeitet hat, kann auch seine Kinder freigeben. Wer aber durchbricht den fatalen Zirkel? Vielleicht nur die Tochter, die andere Mütter gefunden hat, die neue Wurzeln ihres Selbstverständnisses aufdeckt? Wir können heute diesen schwierigen Prozeß nicht mehr der Frau in die Schuhe schieben. Die Rolle des Vaters muß neu bedacht und von ihm sein Teil Verantwortung zurückgefordert werden. Viele Beobachtungen im Verhalten der jungen Generation sprechen für eine neue Väterlichkeit, die eine Entlastung der Symbiose Mutter/Tochter werden kann. Doch der Berufsalltag, Mangel an Teilzeitstellen, mangelnde Lust am Hausvaterdasein machen die neue Väterlichkeit zu einer Privatsache. Nur indem Rollen austauschbar werden, indem Väter auch Hausmänner, Mütter auch berufstätig sind und beide sich die Erziehungs- und Hausarbeit aufteilen, bekommt die nachwachsende Generation ein neues Spektrum menschlicher Möglichkeiten. Doch die gesellschaftlichen Folgen ungelöster Mutter-Tochter-Beziehung sind vorläufig noch mitten unter uns.

Eine der Folgen ist für Marina Möller-Gambaroff der Männerhaß weiter Teile der Frauenbewegung.[12] Angst und Hilflosigkeit gegenüber der Mutter und ihren patriarchalen Normen kann sich auf den Mann als neuen Sündenbock verlagern. Frauen überspringen also gleichsam den Zorn auf die Geschlechtsgenossin und leben ihn in einem neuen Feindbild aus. Wenn dies immer wieder begegnende Phänomen nicht auf seine Ursprünge zurückverfolgt und bewußtgemacht wird, wird es schwer, ein autonomes Selbst und eine gesellschaftliche Neuorientierung der weiblichen Rolle zu entwickeln. Männerhaß, der auch am Rande der feministisch-theologischen Szene auftaucht, hat also tiefere Ursachen und sollte von Akteurinnen und Betroffenen gründlicher durchdacht werden.

Auch die auffallend vielen Konflikte in der Frauenbewegung können zum Teil ihre Ursache in ungelösten Mutter-Tochter-Konflikten haben. Sisterhood is powerful − Schwesterlichkeit macht stark − das war die euphorische Parole der Anfangsjahre. Frauen erlebten − und erleben auch heute noch − Schwesterlichkeit: sie entdecken immer wieder Frauen, die ähnliches wie sie selbst leiden, denken, fühlen, hoffen. Sie machen gemeinsame Aktionen, die ihnen das Gefühl der Ohnmacht vertreiben und die Stärke der Frauengruppe erfahren lassen. Mary Daly mit ihrem Aufruf zum qualitativen Sprung in die neue Existenz hat dafür

Wegzeichen gesetzt. Schwesternschaft, Schwesterlichkeit sollte sogar zu einer »Antikirche« im Patriarchat, zu einem kosmischen Bund von Frauen werden.[13]

Doch wie bei allen in der Geschichte propagierten großen Sprüngen blieb die Enttäuschung nicht aus. Die Verhältnisse an der Basis lassen sich nicht einfach überspringen. Was einmal Europhorie, Begeisterung und Hoffnung auslöste, muß heute kritisch nach seiner Realisation hinterfragt werden. Mary Daly hatte vor mehr als zehn Jahren klar erkannt und benannt, daß die Mutter-Tochter-Beziehung, wie sie durch patriarchale Vorstellungen geprägt ist, die Hauptursache für die Unfähigkeit von Frauen ist, sie selbst zu sein. »Radikaler Feminismus«, so hatte sie dann gefolgert, »setzt die der Mutter-Tochter-Beziehung innewohnende Kraft frei für die Schwesterlichkeit, die im männlich beherrschten System verkümmert. Die Mutter verlangt nicht die Selbstopferung der Tochter. Vielmehr verlangen beide voneinander gegenseitige Bestätigung in einem fortwährenden persönlich/politischen Prozeß.«[14] Doch die Sensibilität für einen solchen Prozeß, die Zeit, die ein Prozeß braucht, um diese Urbeziehung von Frauen mit ihrer tragischen Minderung der Kräfte zu sehen, und die Lösung neuer Kräfte zu bewirken, hat kaum begonnen. »Du bist wie meine Mutter«, sagte mir einmal eine Frau. Das sollte nett klingen. Ich stutzte allerdings, und bald begann die gleiche Frau, mich ständig anzugreifen. Schwesterlichkeit ist für viele Frauen, die solchen gnadenlosen Krieg unter Frauen erleben, wie eine Parole von einem fremden Stern. »Sisterhood is powerful. It can kill you«, schrieb die holländische Feministin Anja Meulenbelt ironisch. Doch wir sollten uns den Traum von Schwesterlichkeit nicht aus der Hand schlagen lassen. Wir sollten nur gründlicher und selbstkritischer nach unseren Urbeziehungen fragen lernen.

Neben die alten und noch immer fortdauernden Konflikte: Hausfrau/Berufsfrau, Frauen in Machtstellungen und Frauen in abhängigen Stellungen, Frauen in Generationen-Konflikten, sind die neuen Streitereien getreten: Autonome Frauen gegen Institutionen-Frauen, Frauen in lesbischen gegen Frauen in heterosexuellen Beziehungen usw. Auffallend ist zunächst einmal, daß Frauen, die sich durch irgendeine Leistung aus der Frauengruppe herauszuheben scheinen, mit Mißtrauen, Ablehnung bedacht werden. Die Beobachterin einer Frauenszene um Alice Schwarzer schreibt: »Im Zentrum galt der Grundsatz, daß kein Champignonköpfchen höher als ein anderes wachsen durfte, denn das hätte dem Grundsatz widersprochen: in unserer Schwäche und Unterdrückung sind wir alle gleich, und nur wenn wir gleich sind, können wir uns gegenseitig trösten und unterstützen. Das Champignonköpfchen, das die Grenzen des Wachstums mißachtet, ist unsolidarisch und wird sofort bestraft – die große Sense kommt und macht's ein bißchen kürzer.«[15] Und Margarete Mitscherlich stellt fest: »Tatsache ist, daß eine Frau, die Einfluß zu gewinnen sucht, um verhärtete Gesellschaftsformen aufzubrechen, damit rechnen muß, auch in der Frauenbewegung abgelehnt zu werden.« Sie vermutet, daß ein unaufgearbeiteter Haß gegen die Mutter in Feindseligkeit gegen »starke Frauen« umschlägt.[16]

Schwesterlichkeit ist keine Selbstverständlichkeit

Ein anderes Konfliktfeld beschreibt Herrad Schenk mit den Macht- und Grabenkämpfen innerhalb der Kleingruppen und mit der Gefahr des »lesbischen Separationismus, der manche Frauenprojekte stark bestimmt.«[17] Mißtrauen und Feindseligkeit gegenüber denjenigen frauenbewegten Frauen, die in gemischtgeschlechtlichen Zusammenhängen leben und arbeiten, durchsetzen und verhindern viele Aufbrüche. Frauenenergien werden gebunden und an falscher Stelle verzettelt. »Fraueninseln« werden geschaffen, und die Institutionen, die doch verändert werden sollten, bleiben letzten Endes ungeschoren.

Wo Schwesterlichkeit auf beiden Seiten, auf Seiten der »starken« und auf Seiten der »schwachen« Frauen bitterlich enttäuscht wird, sollten wir auf jeden Fall die restriktiven Gesetze, denen Frauen so lange unterlagen, bedenken. Was Mütter in

135

patriarchalen Normen lebend ihren Töchtern mitgaben, waren die Verbote von Sex und Zorn. Frauen haben sie umgedreht und zu Erlaubnissen gemacht. Sie wollen ihre eigene Sexualität leben, und sie wollen nicht mehr friedlich wie kleine Mädchen sein, sondern für ihre Überzeugungen streiten. Vergessen worden ist meist dabei, daß die restriktive Mutter in ihnen wieder auflebt, daß die Erlaubnisse häufig neue Gesetze werden, daß ein neuer Absolutismus sich ausbreitet. Aus der Mutter ist nun die »große« Schwester geworden, deren strenger Blick bohrend fragt: »Soweit bist Du noch nicht? So was tut frau nicht!« Kritisch, aber von Frauen kaum wahrgenommen, hat schon vor Jahren die Psychologin Naomi Goldenberg gefragt, ob nicht schon Mary Daly trotz ihrer brillanten Analyse der Mutter-Tochter-Symbiose und deren Auflösung einer illusorischen Vorstellung von Schwesterlichkeit Vorschub geleistet hat. In ihrer Vision der Frauengruppe gibt es keine Konflikte, kein Dunkel, keine Depression, kein Leiden. Nichts trübt die singende, tanzende, lachende Schwesterlichkeit in ihrer Gemeinschaft, die sich vom bösen Patriarchat gelöst hat.[18]

Solche Illusionen, die in hartem Widerspruch zu heutiger Frauenwirklichkeit stehen, zeigen, wie wenig wir die Prozesse der Ablösung von den Müttern und ihren Normen vollzogen haben, wie wenig wir unsere Verschiedenheit akzeptiert haben, wie wir mit einer Illusion in eine Falle tappten, aus der wir uns erst wieder befreien müssen. »Schwesterlichkeit«, so hat es Christiane Olivier aus ihrer psychoanalytischen Praxis heraus beobachtet, »ist keine Selbstverständlichkeit und bedeutet, auf die von außen empfangene Existenz zu verzichten, um sich jene zu eigen zu machen, die von innen kommt. – Ein für Frauen sehr unüblicher Schritt.«[19] Was wir gegenwärtig brauchen, ist, uns nicht nur in unserer Empörung und Ohnmacht aneinanderzuklammern. Was wir gegenwärtig brauchen, ist die Einübung in die »gegenseitige Bestätigung«, die Frauen, die sich selbst im Tiefsten immer noch für klein und niedrig halten, ungeheuer schwerfällt. Was uns angetan ist, geben wir an andere weiter. Wenn wir den fatalen Zirkel von Ohnmacht und Erniedrigung durchbrechen und statt dessen Selbstachtung und Selbstliebe in uns entfalten, können wir auch der anderen Frau, in welcher Position und in welchem Prozeß sie auch immer ist, mit Achtung vor ihrer Ganzheit, ihrer Persönlichkeit begegnen. Wir können ihre Einmaligkeit, ihre ansteckende Kreativität anerkennen und aufwecken, statt unser aller Energien mit Mißtrauen und Denunziation zu drosseln. Der Streit ist dann nicht auf die Person und ihr vielleicht tödliches Ende, sondern auf die Sache gerichtet. Periodisch tauchen leidenschaftliche Vorwürfe unter frauenbewegten Frauen auf, daß sie z. B. antifeministisch, antilesbisch, antisemitisch, Männer-hörig seien. Sie haben zwar zur Klärung der Frauensituation in der heutigen Welt beigetragen, doch die Verletzungen der Persönlichkeiten, ihr versuchter Ausschluß und ihre Stigmatisierung sind überall sichtbar. Und sie sind vermeidbar, wenn wir in jeder Frau, die nicht stagniert, sondern sich bewegt, den Prozeß, der zur Schwesterlichkeit führt, die Verkörperung von Schwesterlichkeit zu entdecken bereit sind und die damit verbundenen Ängste und Einsamkeiten wahrnehmen. Es gibt auch keinen Einheitsweg zu einem neuen Frauenbewußtsein, keine bestimmten Stufen, die alle Frauen durchlaufen müssen, um zu einem »wahren Selbst« zu kommen. Der große Bruder, der Kirche und Partei mit ihren Maßregelungen erfunden hat, lebt aber noch in vielen Müttern und ihren Töchtern wieder auf. Er, der große Bruder, ist mit seinen Ritualen inzwischen für viele Frauen durchsichtig geworden. Die große Schwester, die ihm nacheifert und sich dessen gar nicht bewußt ist, ist manchmal bedrängender und schwerer durchschaubar. Es geht nicht darum, die Mutter-Tochter-Beziehung für alle auftauchenden Familienprobleme verantwortlich zu machen. Es geht vor allem nicht darum, für alles Fehlverhalten der Mutter die Schuld in die Schuhe zu schieben. Doch viele Sozialisationsprobleme haben hier ihre Wurzeln und können von hier aus einsichtiger gemacht werden.

Wenn Frauen beginnen, sich selbst besser zu sehen und zu verstehen und die Chance ergreifen, das enge Beziehungsnetz, die Unmittelbarkeit zu anderen differenziert zu erleben und auszubauen, dann könnte »Schwesterlichkeit« mehr werden als nur ein weibliches Solidaritätsband. Bärbel von Wartenberg-Potter hofft z. B., daß Schwesterlichkeit über Brüderlichkeit hinaus eine neue Qualität haben könnte: sie sollte alles Lebendige einschließen.[20] Solidarisch mit allem, was zum Leben kommen will: mit uns selbst, der anderen, dem anderen und den anderen könnten wir ein Klima von Vertrauen schaffen, das zum Wachstum notwendig ist.

Um die lebenswichtigen Ansätze weltweit wachsender pluriformer Frauenkulturen wirklich kreativ werden zu lassen, braucht es mehr als Utopie, mehr als gesellschaftliche Programme. Es braucht die Persönlichkeiten, die ihre eigene Geschichte mit ihren Zwängen und Abhängigkeiten kennen und sich nicht scheuen, sich ihr zu stellen, die den lebenslangen Prozeß der Loslösung und Selbstwerdung bewußt leben und gestalten. Den Töchtern, die jetzt Mütter sind und die hier eine wichtige Rolle spielen, gibt die amerikanische Psychologin Jessica Benjamin den Rat, neben den Bedürfnissen des Kindes die eigene Subjektivität mit vollem Recht zu behaupten: »Ich gehe jetzt zur Arbeit, komme aber nachher wieder.« »Ich rede gerade mit einer Freundin, und danach spreche ich mit dir!«[21] Wird diese Balance zwischen den eigenen und den kindlichen Wünschen gehalten, kann Abgrenzung geschehen, können Töchter zu eigenen Menschen reifen, die an anderen Frauen nicht mehr ihre Konflikte, ihre Ohnmachtssucht und Einheitssehnsucht austragen müssen. Dann können Söhne und Väter aus Zuschauern zu Beteiligten werden, die nicht mehr verächtlich, sondern erschreckt, erstaunt oder neugierig ein neues Gegenüber wahrnehmen. Ein Gegenüber, das sie ihrerseits herausfordert, sich selbst besser kennenzulernen.

Anmerkungen

1. Das Tagebuch der Anne Frank. Fischertaschenbuch 1955, S. 145 f.
2. *Janina David*, Ein Stück Himmel. Erinnerungen an eine Kindheit. München 1981, S. 23.
3. *Etty Hillesum*, Das denkende Herz in der Baracke, Freiburg 1981, S. 70 f.
4. *Peter Weiss*, Abschied von den Eltern, Frankfurt 1961. − *Christoph Meckel*, Suchbild: Über meinen Vater. Düsseldorf 1981. − *Volker Elis Pilgrim*, Die Elternaustreibung, Düsseldorf 1984.
5. Dazu die neue Deutung von *Ingrid Riedel*, Demeters Suche. Stuttgart 1986.
6. *Nancy Friday*, Wie meine Mutter, Frankfurt 1982. − *Barbara Franck*, Ich schaue in den Spiegel und sehe meine Mutter, Hamburg 1981.
7. *Ingmar Bergman*, Herbstsonate, München 1978.
8. *Margarete Mitscherlich*, Die friedfertige Frau, Frankfurt 1985, S. 96.
9. *Jack L. Rubins, Karen Horney*, Sanfte Rebellin der Psychoanalyse, München 1978, S. 148.
10. *Jean Baker Miller*, Die Stärke weiblicher Schwäche, Frankfurt 1979. − *Carol Gilligan*, Die andere Stimme, München 1984. − *Anne Wilson Schaef*, Weibliche Wirklichkeit, Wildberg 1985.
11. *S. Marina Möller-Gambaroff*, Utopie der Treue. Reinbek 1984, S. 32.
12. AaO., S. 36.
13. *Mary Daly*, Jenseits von Gottvater, Sohn und Co., München 1980, S. 176 ff.
14. Dies., Der qualitative Sprung über die patriarchale Religion, in: Frauenoffensive. Journal Nr. 9, München, Januar 78, S. 6.
15. *Julia Bähr*, Klatschmohn. Eine Geschichte aus der Frauenbewegung, Köln 1984, S. 179.
16. AaO., S. 10.17.
17. *Herrad Schenk*, Frauen kommen ohne Waffen, München 1983, S. 128.159.
18. *Naomi Goldenberg*, The End of God, Ottawa 1982, S. 111.
19. *Christiane Olivier*, Jokastes Kinder, Düsseldorf 1987, S. 86.
20. *Bärbel v. Wartenberg-Potter*, Wir werden unsere Harfen nicht an die Weiden hängen, Stuttgart 1986, S. 102.

21. *Jessica Benjamin,* Die Fesseln der Liebe. Zur Bedeutung der Unterwerfung in erotischen Beziehungen, in: Feministische Studien, Heft 2, Weinheim 1985, S. 29.

2. Dir geschehe, wie du willst
Bibelarbeit über Mt 15,21–28*

(Jesus und die kanaanäische Frau)

»Jesus zog sich in die Gegend von Tyrus und Sidon zurück. Und eine kanaanäische Frau aus diesem Gebiet kam und schrie hinter ihm her: Ach Herr, du Sohn Davids, erbarme dich über mich! Meine Tochter wird von einem bösen Geist schrecklich geplagt! Doch er antwortete ihr mit keinem Wort.

Da traten seine Jünger zu ihm und baten ihn: Entferne sie doch in irgendeiner Weise, denn sie schreit hinter uns her! Er antwortete aber: Nur zu den verlorenen Schafen Israels bin ich gesandt.

Sie aber kam heran, fiel vor ihm nieder und sagte: Herr, hilf mir! Er aber erwiderte: Es ist nicht recht, den Kindern das Brot wegzunehmen und es den Hunden vorzuwerfen.

Sie erwiderte: Ja Herr, aber doch fressen die Hunde von den Brosamen, die vom Tisch ihrer Herren fallen.

Da antwortete ihr Jesus: Dein Glaube ist groß. Dir geschehe, wie du willst!

Und ihre Tochter wurde zu derselben Stunde gesund.«

Die Geschichte der kanaanäischen Frau ist für viele Frauen in den letzten Jahren eine ärgerliche Geschichte gewesen: ein herrischer Jesus — eine gedemütigte Frau! Was kann uns das heute sagen? Ich lese diese Geschichte seit einiger Zeit neu als die Geschichte

---

* gehalten auf dem Kirchentag in Berlin-Ost 1987.

eines Mutter-Tochter-Konflikts und einer neuen Beziehung von Frau und Mann. Wenn wir einmal alle Ehrfurcht vor dem Text beiseite lassen, uns alle Gefühle und alle Phantasie erlauben, bekommen wir einen neuen Zugang zu dem Text, und vielleicht springt aus der zweitausend Jahre alten Geschichte etwas in unsere eigene Geschichte über.

Die biblische Demeter-Persephone-Sage

Wer ist diese kanaanäische Frau? Was wissen wir von ihr?

Sie ist eine Frau aus Syrophönizien, der nördlich von dem jüdischen Königreich gelegenen römischen Provinz Syrien. Der Erzähler nennt das Gebiet Kanaan, spielt also bewußt auf das heidnische Urland an, in das Israel eingewandert ist. Die Frau ist eine Heidin, eine Nicht-Jüdin, die andere Gottesbilder hat und aus einer anderen Kultur kommt. Sie ist eine Frau mittleren Alters mit einer Tochter. Sie tritt allein auf, ohne Familie, ohne Clan. Nach gesellschaftlichen Regeln hätte die Familie, ein männliches Mitglied, der Mann oder auch ein Sohn, die Interessen der Frau vertreten müssen. Hat sie keine Familie mehr? Hat sie sich von der Familie gelöst? Hat die Familie sie verstoßen? Wir wissen es nicht.

Auf jeden Fall tritt sie allein auf, tritt allein für ihre Interessen ein. Wie oft im Neuen Testament begegnet uns hier eine Frau, losgelöst vom Familienverband, die nicht als Ehefrau, Hausmutter, Glied der Sippe gesehen wird, sondern als einzelner Mensch. Ein eigener Mensch, nur auf sich gestellt und gejagt und geplagt von seinen Problemen.

Ihr Problem ist die Tochter. Die Tochter macht ihr Kummer. Die Tochter ist gestört. Sie ist krank, und dies bringt die Mutter schier um. In unserer Geschichte heißt es: Die Tochter wird von einem bösen Geist schrecklich geplagt, oder — wie andere es auslegen: Sie leidet unter einem bösen dunklen Geist. Was können wir uns heute darunter vorstellen? Vielleicht war es eine langwierige körperliche Erkrankung, vielleicht eine lebenslange

Behinderung, vielleicht war es auch eine Geisteskrankheit. Viele Frauen, die Jesus nachfolgten, hatten unter solchen Krankheiten gelitten: Maria Magdalena, Johanna, Susanna. Und sie waren geheilt worden. Welche Krankheit wir uns auch immer vorstellen, eins müssen wir festhalten: Die Tochter leidet, ist hilflos, ist gestört. Und die Mutter, die ihr das Leben gegeben hat und ihr die Nächste und vielleicht der einzige Mensch ist, den sie hat, sieht dies alles. Sie möchte helfen und tut, was sie kann. Aber sie merkt, daß nichts besser und anders wird. Eine vorübergehende Krankheit ist zu ertragen. Dafür lohnen sich Pflege und Hingabe. Doch dies scheint eine Dauerkrankheit zu sein, hoffnungslos und von menschlicher Seite her nicht mehr reparierbar. Ein dunkler Geist hat sich über alles gelegt. Er hat die Tochter erfaßt, aber auch die Mutter. Wir sollten uns nichts vormachen: Auf Krankheit ruht nicht immer Segen. Krankheit zerstört Beziehungen, und die Mutter-Tochter-Beziehung in unserer Geschichte muß zutiefst gestört sein.

Vielleicht verbirgt sich hinter dieser Geschichte aber noch mehr: Wenn die Bibel Krankheiten beschreibt, dann stecken oft immer wiederkommende, tief in den Menschen wurzelnde Konflikte dahinter, sogenannte archetypische Konflikte. Aus Konflikten können Krankheiten kommen. Und möglicherweise haben wir es hier mit einer Krankheit zu tun, hinter der ein urmenschlicher Konflikt sich verbirgt, der uralte Mutter-Tochter-Konflikt. Wir beobachten ihn heute mit großem Interesse und aus großer Betroffenheit. Mütter haben bestimmte Lebensvorstellungen, in die sie ihre Töchter hineinerziehen wollen. Vorstellungen von ehrbar, anständig, sparsam, sauber innen und außen, guter Hausfrau, anpassungsvoller, attraktiver Ehefrau, hingebungsvoller Mutter. Töchter, die selbständig werden wollen und ihre eigenen Lebensideale haben, wehren sich, ärgern sich, lösen sich von der Mutter ab und machen oft genau das Gegenteil von dem, was die Mutter wollte und war. Doch der Anspruch der Mütter sitzt den Töchtern meist lebenslang im Nacken, macht ihnen Schuldgefühle, bricht in Krisensituationen, wenn Partnerbeziehungen, Beruf, Ehe, Kinder nicht so funktionieren, wie sie sollten, wieder auf und macht sie unsicher. Hatte die Mutter nicht doch vielleicht recht?

Wenn wir in diese Konflikte noch etwas tiefer hineinsteigen, merken wir: die gleichgeschlechtlichen Töchter sind in ihrer Besonderheit, in ihrer Eigenart, in ihrem Eigenwillen und ihren eigenen Lebensvorstellungen nie ganz angenommen und ernst genommen worden. Die Bewunderung der Mutter galt dem Sohn. Er war der »Andere«, der, der den Stammbaum fortsetzen sollte, der sich freier entwickeln durfte und dem man (frau) weniger Grenzen setzte. Zahlreiche Untersuchungen zeigen, daß der – oft unbewußte – faszinierte Blick der Mutter auf ihr männliches Baby fiel und dessen Lebenssicherheit und gesunde Selbstliebe zeitlebens gestärkt hat. Weil Frauen meist einen eingeschränkteren Lebensradius hatten, setzten sie viele eigene unerfüllte Träume und Lebenserwartungen in ihre Söhne, und die eigenen engen Vorstellungen übertrugen sie auf die Töchter.

In seinem Film: »Herbstsonate« beschreibt Ingmar Bergman einen Mutter-Tochter-Konflikt und läßt die Tochter Eva sagen: »Mutter und Tochter, was für ein schreckliches Konglomerat aus Gefühl, Verwirrung und Zerstörung. Alles ist erlaubt und alles geschieht im Namen der Liebe und Güte. Die Schäden der Mutter erbt die Tochter, für die Enttäuschungen der Mutter kommt die Tochter auf, das Unglück der Mutter muß das Unglück der Tochter werden, als sei die Nabelschnur niemals durchtrennt worden.«

Diese Worte dramatisieren die Mutter-Tochter-Beziehung. Aber die Erfahrung der meisten Frauen ist, daß die Nabelschnur sehr schwer durchtrennbar ist. Mütter und Töchter haben Mühe, sich als andersartige, unabhängige Menschen zu tolerieren. Wenn aber die Nabelschnur nicht getrennt wird, kann sich kein selbständiger Mensch entwickeln. Wenn die Tochter immer ein Stück der Mutter bleibt, kann sich kein Gegenüber entwickeln. Die Mütter sind stets in Gefahr, ihre Töchter zu verschlingen. Und die Töchter wehren sich gegen dies Verschlungenwerden, gegen diese Vereinnahmung, gegen den Liebesterror, denn alles geschieht ja »im Namen der Liebe«!

Ich sehe in unserer Geschichte etwas von diesem archetypischen Konflikt, von der Loslösung der Tochter und der verzweifelt zurückblickenden Mutter. Die griechische Sage beschreibt ihn in der Geschichte der Demeter, der der Gott Hades, der Gott der Unterwelt und der Diebesgott die Tochter Persephone raubt. Ich meine, der biblische Erzähler greift ihn auf mit der kanaanäischen Mutter-Tochter-Beziehung.

Parallelen zwischen griechischer Sage und Bibel sind offensichtlich, denn wir haben in unserer von männlichen Modellen bestimmten Kultur kaum Mutter-Tochter-Modelle: Eine Mutter verliert ihre Tochter an einen bösen Geist (Gott). Auf ihre verzweifelten Klagen reagiert die männliche Götterwelt (Jesusgruppe) harthörig. Erst der elementare Widerstand (der Fruchtbarkeitsstreik der Demeter, der Einsatz der ganzen menschlichen Existenz der Kanaanäerin) bringt die Wende: Persephone kehrt für Zweidrittel des Jahres zur Mutter zurück, die kanaanäische Tochter wird geheilt. Von Demeter wird (in der Textfassung von Karl Kerènyi) gesagt, daß »schrecklicher und hündischer« der Schmerz die Göttin befiel, und daß mit dem Erdstreik »ein hündisches Jahr« für die Menschen begann. Die Kanaanäerin greift das erniedrigende Wort Jesu vom Hund auf und bezieht es auf sich. Beide Frauen kommen »auf den Hund«, bevor sie ihren Willen durchsetzen, eine Aussage, die in der hellenistischen Welt, wo der Hund das absolut Negative ist, noch dramatischer klingen mußte. Die archetypischen Muster sind noch erkennbar, allerdings wurden und werden sie in den verschiedenen gesellschaftlichen Situationen auch immer unterschiedlich interpretiert werden.

Unsere gegenwärtige Sympathie und unser Interesse gilt den sich ablösenden Töchtern. Sie, die endlich frei sein wollen, haben die Blicke auf sich gelenkt. Und die Mütter bleiben zurück, meist stumm, leidend, zornig oder ergeben. In unserer Geschichte steht aber noch die Mutter im Zentrum. Eine Mutter, die an ihrer Tochter leidet, die — wie wir sagen — »von allen guten Geistern« verlassen ist, mag dies nun eine soziale, physische oder psychische Krankheit sein.

Die Mutter kann nicht mehr, und sie will nicht mehr. Sie ist am Rande ihrer physischen und psychischen Kraft. Sie verläßt das Haus, ihre Schutzzone. Sie verläßt damit ihre gesellschaftliche Rolle, die sie ans Haus bindet. Sie geht aus sich heraus, sie überläßt sich ihren Gefühlen, ihren Emotionen. Emotion – das heißt Herausgehen! Ihr ist es gleich, ob dies komisch wirkt, ob abschätzende oder hämische Blicke sie dabei verfolgen. Ihr ist es gleich, ob sie sich blamiert. Kenner der palästinensischen Verhältnisse dieser Zeit sagen, daß sie wie eine Prostituierte gewirkt haben muß, die sich an Männer heranmacht. Sie bricht alle Brücken zur wohlanständigen Gesellschaft ab, die ihr vorgeschrieben hat, wie sie sich verhalten soll: möglichst unauffällig und unsichtbar. Sie geht heraus aus ihrem sicheren Gehäuse, in dem sie gewohnt war zu leben und dessen Leidensdruck sie nicht mehr ertragen kann. Sie explodiert, läuft auf die Straße und einer Gruppe von Männern nach, von denen sie Hilfe erwartet: fremde Mediziner, Ärzte, Heiler, Wundertäter, Magier? Das Gerücht über deren besondere Taten ist bis in ihr Haus gedrungen. Und sie schreit ihnen mit aller Kraft nach: »Ach Herr, du Sohn Davids, erbarme dich über mich. Meine Tochter wird von einem bösen Geist schrecklich geplagt!« Wenn wir dieser Frau heute begegneten, würden wir sagen: sie ist hysterisch.

Der Skandal ist ein doppelter: sie ist eine Frau, die ins Haus gehört; sie läuft einer Männergruppe nach, was unschicklich ist. Sie ist zudem eine griechische Frau, die sich an jüdische Männer heranmacht. Aber sie kennt keine Grenzen mehr. Sie läßt auch ihre Religion hinter sich und fädelt sich ein in die jüdische Messiashoffnung. »Du Sohn Davids!« schreit sie. Was für eine Religion das ist, scheint ihr egal zu sein.

Und nun sagt sie etwas, über das Christinnen und Christen einfach stolpern müssen: wenn wir Krankheitsängste um einen Menschen haben, dann bitten wir Gott für den Kranken, die Kranke, daß Gott ihm, ihr beisteht, die Schmerzen mildert und gesund macht. Was die Frau hier tut, ist genau das Gegenteil. Sie bittet für sich: »Erbarme dich über mich!« Kein Wort von der Tochter, kein Gedanke an die Tochter. Und diese Bitte ist auch ungewöhnlich im Neuen Testament. »Herr hilf uns« oder »Herr hilf ihr, ihm«, das sind die gängigen Bitten in Krankheitsfällen. In unseren Christenherzen empört sich zunächst einiges: Da liegt die Tochter krank, zerrissen, allein zu Hause, und die Mutter hat nur sich selbst im Kopf. »Was für ein Egoismus«, sagte neulich eine Frau ganz betroffen. Wenn die Frau in unseren Gemeinden mit dieser Ansicht auftauchte, würden wir ihr erst mal Rücksicht, Nächstenliebe beibringen wollen.

Wie sollen wir diese Selbstbezogenheit verstehen? Sind Mutter und Tochter durch ein so enges Band verbunden, daß die Mutter meint, die Krankheit der Tochter sei ihr Leiden? Was der Tochter angetan ist, ist auch ihr angetan?

Ich könnte es aber auch so verstehen: Es gibt Situationen, wo wir nicht mehr auf andere setzen können, wo wir keine Wunder und keine Veränderung mehr erwarten können. Wo wir nüchtern einsehen müssen: hier wird sich nach menschlichem Ermessen oder nach biologischen Gesetzen nichts mehr ändern. Hier kann nur ich mich ändern. Hier kann nur ich anders werden, anders mit der aussichtslosen Lage umgehen lernen als bisher. Hier kann nur aus mir heraus etwas an Kräften wachsen, daß ich nicht zerstört und verschlungen werde. Es ist ein Überlebenswille, der uns zu uns zurückkehren läßt und aus dem heraus das − bei Frauen besonders dürftige − Pflänzchen der Selbstliebe, der Selbstbezogenheit, der Rücksichtnahme auf sich selbst wächst.

Die Frau ist aus ihrem Haus heraus auf die Straße gegangen. Sie hat die Hemmschwelle zu der fremden Gruppe überwunden. Jetzt weiß sie plötzlich, daß nur sie selbst wichtig ist, daß nur sie selbst Hilfe braucht. Daß sie einen Weg eingeschlagen hat, von dem sie nicht mehr zurück kann, und an dessen Ende sie allein dastehen muß. »Erbarme dich über mich.« Nur so wird sie überleben. Nur so wird sich etwas ändern.

Nach Auseinandersetzung mit den jüdischen Gelehrten, ob man die Reinheitsgesetze einhalten soll, hat Jesus mit seiner Gruppe sich eine Zeit im nördlichen Ausland aufgehalten. Endlich mal keine Angriffe, kein Ärger, keine spitzfindigen, feindseligen Diskussionen und Verfolgungen! Endlich mal Anonymität! Um so mehr stört da plötzlich eine Frau, die scheinbar weiß, wer sie sind, und die lamentierend hinter ihnen herläuft. Die Frau ängstigt auch: die Wandergruppe ist in einem fremden Land, und die Frau drängt sich ihnen regelrecht auf. Wir sollten uns Jesus nicht immer heldisch und jeder Situation gewachsen vorstellen. Er hatte Angst, war manchmal gereizt, war müde. Wie wir alle es bei solchen unerwünschten Anlässen tun, so macht auch er es: er versucht, die Störung zu ignorieren. Er reagiert nicht, geht weiter, tut so, als ob nichts gewesen wäre.

Nur den Jüngern wird es peinlich. Sie wollen vermitteln: entweder soll Jesus helfen oder die Störenfriedin zurückschicken. Sie erregen alle Aufsehen, und deshalb waren sie ja nicht ins Ausland gegangen. Und dann reagiert Jesus. Aber wie er reagiert, das ist nicht der Heiland, Helfer und Menschenfreund, wie wir ihn zu kennen meinen. Das klingt ausländerfeindlich, borniert, national und eigensüchtig: »Ich bin nur zu den verlorenen Schafen Israels gesandt!«

Die Situation ist grotesk und unverständlich, und wir sollten ihr nicht ausweichen und sie abzumildern suchen, wie viele Theologen es seit Jahrhunderten tun. Sie haben Jesus zum Pädagogen gemacht, der erst testen will, ob die Frau wirklich Hilfe sucht. Sie haben die dunkle, unbegreifbare Seite Gottes in diesem Verhalten Jesu sehen wollen. Sie haben aber nie den Menschen Jesus sehen wollen, der hier sehr menschlich reagiert. Ein Jesus, der sich seinen jüdischen Schwestern und Brüdern verpflichtet weiß, der es mit ihnen schon so ungeheuer schwer hat! Wie soll er sich auf solcher kurzen Entspannungspause auch noch mit den Problemen einer ihm fernen, unbekannten, heidnischen Bevölkerung abgeben? Allerdings, kurz zuvor hat er in

Kapernaum den Knecht des heidnischen Hauptmanns der Besatzungsmacht geheilt. Dieser Hauptmann war auf ihn zugekommen, hatte sehr geschickt an Jesus und seine Sendung erinnert und gesagt: »Auch ich muß Befehlen gehorchen, und ich habe selber Soldaten unter mir. Sage ich nun zu einem: geh, so geht er …« Er appelliert also an Jesu Selbstverständnis, von Gott gesandt zu sein, Gott über sich zu haben und seinen Willen zu tun, und von dieser Macht aus, Befehle nach unten zu erteilen. Ein Wort würde genügen, und der Knecht müßte gesund sein!

Wenn ich mich frage, warum er sich mit der Frau so schwer tut und dem Mann gleich geholfen hat, dann scheint mir das hierarchische Denkmuster die Verbindung zwischen den beiden Männern gewesen zu sein. Viele empirische Untersuchungen heute zeigen, daß Männer hierarchisch, von oben nach unten oder von unten nach oben denken. Zwischen dem Hauptmann und Jesus hat es trotz aller Fremdheit etwas Gemeinsames gegeben: eine Brüderlichkeit in männlichem Denkmuster von Befehlen und Gehorchen. Das hat verbunden. Das hat Kontakt geschaffen.

Die Frau hat nichts dergleichen zu bieten. Sie ist eine heidnische Frau, die unangenehm herumschreit. Zwischen ihm und ihr liegt nicht nur die Fremdheit des Volksstammes. Zwischen ihm und ihr liegt auch die Fremdheit der Geschlechter. Frauen, die aus sich herausgehen, die in ihrem Verhalten auffallen, hysterisch wirken, haben einen zusätzlich schweren Stand in einer von männlichen Werten beherrschten Gesellschaft. Wir sollten klar sehen, daß auch Jesus ein Mann dieser Gesellschaft ist und nicht ein abgehobener göttlicher Held, fern aller Menschlichkeit.

Was die Frau will, ist zudem nach den Wertmaßstäben der damaligen Gesellschaft völlig nutzlos: die Heilung einer kranken Tochter. Hätte die Frau einen Sohn, den sie gesundhaben wollte, wäre das einsichtig. Ein Sohn kann seine Mutter unterstützen. Er gibt ihr Familie, Rückhalt und gesellschaftlichen Stellenwert. Eine Tochter kann das nie leisten. Eine Tochter ist von gesellschaftlichem Standpunkt aus etwas völlig Nutzloses. Die Frau verlangt also etwas so lächerlich Unwichtiges, daß man besser gar nicht auf sie hört.

Was sind schon Frauenbeziehungen, wenn es um so viel größere Probleme geht? Was sind schon Frauenfragen in einer Kirche, in der es um Nord-Süd-Konflikte, um den Hunger in der Dritten Welt, um die in die Augen springenden weltweiten Fragen geht? Warum stören Frauen mit ihren Forderungen nach Gleichstellung und Mitbeteiligung die Rituale unserer scheinbar so gesellschaftsoffenen und bewährten Kirchenpolitik?

Die meisten von uns haben irgendwann die Erfahrung dieser heidnischen Frau gemacht: sie werden abgewiesen, weil ihr Anliegen so unwesentlich scheint. »Der Jesus und seine Männergruppe – das kommt mir so vor wie mein Kirchengemeinderat und der Pfarrer«, stellte neulich eine Kirchengemeinderätin fest.

Mit solchen Erfahrungen enden häufig unsere Frauen-Kirchengeschichten. Wir geben auf, weil die Mauer uns wie aus Zement erscheint.

Der arme Gott Jesu und der reiche Gott der Frau

Doch diese Geschichte ist nicht am Ende. Sie beginnt eigentlich gerade erst. Der Jesus, der so abweisend, so desinteressiert, so okkupiert von seinen eigentlichen Aufgaben ist, ist ein Mann und in vielem ein typischer Mann. Aber er ist ein menschlicher Mann, und deshalb geht die Geschichte weiter. Und die Frau ist nicht ein Typ, der sich abweisen läßt, sich resigniert zurückzieht. Es geht um ihre Existenz, um ihr Leben. Deshalb gibt sie nicht auf, und deshalb beginnt jetzt etwas Neues. Ein Zwiegespräch beginnt. Solange gesprochen wird, wird nicht geschossen, heißt es in der Diplomatie. Im menschlichen Umgang heißt es: Wenn wir sprechen, öffnen wir uns füreinander, geben wir ein Stück von uns selbst preis, von unseren Argumenten und Aggressionen, nehmen wir ein Stück von dem anderen/der anderen wahr. Erst wenn wir nicht mehr sprechen, versteinern unsere Aggressionen, gefrieren unsere Argumente.

Die Frau gibt aber nun eine ganze Menge preis – für viele heutige Frauen in einer fast unwürdigen Art. Sie fällt Jesus zu

Füßen. Sie hat alle erhabene stilvolle Sprache: »Erbarme dich über mich«, und »Sohn Davids« verloren. Sie bettelt jetzt ganz menschlich und banal: »Herr, hilf mir.«

Das hilft zunächst jedoch gar nichts. Im Gegenteil, Jesus holt zu einem regelrechten Schlag aus, der die Frau eigentlich umwerfen müßte: »Es ist nicht recht«, sagt er, »den Kindern das Brot wegzunehmen und es den Hunden vorzuwerfen.«

Die Frau — ein Hund — welche Kränkung und Beleidigung! Er, der reiche Herr, der das Brot hat! Wie hundsgemein ist ein solcher Satz! In unserer Wohlstandskultur sind Hunde jetzt ein Statussymbol für Luxus und Tierliebe. Doch auch in unserer Sprache steckt noch etwas von der Verachtung der niedrigen, abhängigen, winselnden, gedemütigten Hundekreatur. Wir sagen »hundsgemein«. Wir fühlen uns »hundeelend«. Wir sind »auf den Hund gekommen«, sind »hundemüde«. Wir sprechen von »underdogs«, ausgebeuteten, getretenen, niederen Bevölkerungsschichten. Im griechischen Sprachraum, wo der Hund als etwas absolut Negatives gilt, muß die Frau die Kränkung in voller Breitseite treffen. Sie hat sich erniedrigt, gewinselt, geschrieen wie ein Hund, ist hinterhergelaufen wie ein räudiger Köter — sie ist ein Paria, eine unwürdige, unreine Heidin. In ihr muß in diesem Moment das letzte Selbstbewußtsein, die letzte Würde eigentlich sterben. »Und wenn ich schon wanderte im finsteren Tal …« — aber da ist, anders als im Psalm, keiner, der sie schützend hält. Frauen, die diese Geschichte heute lesen, ergreift manchmal ein ohnmächtiger Zorn: Wie konnte die Frau sich so erniedrigen? Wie konnte Jesus sie so fertig machen? Frauenerfahrungen in einer Männergesellschaft.

Und dann wendet sich das Blatt. Es kommt allerdings keine Hilfe von oben und keine Freundlichkeit von außen. Etwas in der Frau selbst dreht sich herum. Sie greift nach diesem kränkenden Wort »Hund« und wendet es. »Ja, Herr«, sagt sie, »aber doch fressen die Hunde von den Brosamen, die vom Tisch ihrer Herren fallen.« Was wir annehmen, kann nicht mehr gegen uns gewendet werden.

Bisher kannten wir die Frau als hochemotionale, leidenschaftliche Frau, die (aus ihrem Haus) aus sich herausgeht, aus der alle ihre Leiden und ihre Leidenschaften herausbersten. Jetzt steht da eine andere Frau: kühl, rational, witzig, ironisch, souverän. Wenn wir nichts mehr zu verlieren haben, ergreift uns zuweilen eine ganz andere Kraft. Sie kann kalt, souverän, ironisch, scharf-züngig machen. Es geht dann nur noch um die Sache, die uns am Herzen liegt. Wir werden anders. Wir lernen eine ganz andere Seite von uns kennen. In uns steigt eine Kraft auf, mit der wir im gewöhnlichen Umgang mit Menschen gar nicht vertraut waren.

Wenn wir genau hinsehen, dann merken wir, daß die Frau nun ein anderes Bild gebraucht und damit argumentiert. Das Bild vom Brot verschiebt sie zum Bild vom Tisch, und mir scheint, über die am reich gedeckten Tisch tafelnden Herren mokiert sie sich, daß die ja mehr als satt werden und noch alles unter den Tisch fallen lassen! Aber dabei gelingt ihr noch etwas anderes: Aus dem Bild vom gerade notwendigen Lebensunterhalt macht sie ein Bild des Überflusses. Aus der sparsamen Haushälterei Jesu, der gerade für seine Kinder genügend Brot zu haben meint, wird Gottes reicher Tisch, an dem Herren tafeln und von dessen Mahlzeit auch noch alle Kreatur satt wird. Aus einem ängstlich einteilenden Vater, der nur die Seinen im Sinn hat, macht sie Gott zu einem reichen Hausherrn, dessen Überfluß über den Tisch fließt. Die Frau in ihrem Schmerz und ihrer Wut hat Jesus ein anderes Gottesbild gemalt. Sie hat mehr von Gott begriffen. Gott ist Verschwendung. Gott hat für alle etwas übrig. Sie spiegelt Jesu Worte wider, und aus dem knappen Vorrat Gottes wird ein weiter, reicher, überquellender Tisch Gottes. »Du berei-test vor mir einen Tisch im Angesicht meiner Feinde.«

Die Frau hat das böse Wort vom Hund aufgenommen und auf sich angewandt. Sie hat sich niedrig gemacht, sich erniedrigt. Aber sie hat aus dem ärmlichen Gott Jesu, der nur für das jüdische Volk da ist, einen reichen, überströmenden Gott für alle Menschen gemacht.

Was die Frau damals getan hat, tun heute Frauen in aller Welt. Sie verändern Bilder und Sprache: Aus dem engen, restriktiven Gott einer Männerkultur und einer von Männern geprägten

Kirche machen sie wieder den ganzen Gott, der nicht ein weißer, alter Mann mit hausväterlicher Moral und engem Horizont ist. Sie machen Gott wieder zu dem, was Gott war: Brot des Lebens für alle, Vater *und* Mutter, der Frauen und Minderheiten Recht, Stimme und Lebensraum gibt, der aus Frauen und Minderheiten spricht, und in dem sich alle wiederfinden mit dem Recht auf ihr Leben und ihren Leib, auf ihre Vorstellungen, was menschliches Leben und Gemeinschaft ist.

Die kanaanäische Frau gilt heute in der neutestamentlichen Forschung als die »apostolische Vormutter aller Heidenchristen«. Sie hat Jesus aus einem Nationalisten zu einem Heiland aller Menschen gemacht. Sie hat ihm einen neuen Weg aufgezeigt. Ohne sie ist die Geschichte Jesu nicht zu denken. Aber sie war für viele Christen unbequem und unangenehm. Sie paßte nicht in ihr eigenes Frauenbild, denn sie war aufsässig und laut und überdies klüger und weiser als Jesus.

Ihr Leben ist beispielhaft für das Leben vieler Frauen in der Kirche heute: aus dem engen Raum ausbrechen, ihre Ängste und Erniedrigungen aussprechen, ihren Gefühlen freien Lauf lassen und die irre Hoffnung haben, daß sie gehört werden und ihre Vorstellungen vom menschlichen Miteinanderleben scheinbarer Randsiedler Wirklichkeit werden. Und dies alles im Wissen, daß Gott größer und verschwenderischer ist als der Gott der Kirche.

Daß zu diesem Aufbruch nicht nur Geschrei und Gefühl gehören, zeigt uns die Frau. Sie zeigt uns, wie wir unsere Erfahrungen verwandeln können in Weisheit, und daß wir alle unsere Geistesgaben und Geisteswaffen, die wir uns oft nicht zutrauen, dafür einsetzen können: Witz, Ironie, Überlegenheit, Schlagfertigkeit. Gefühl und Verstand, Bauch und Kopf, Erfahrung und Wissen gehören zusammen. Sie machen uns zu ganzen Menschen. Sie machen uns fähig, eigene und ungewöhnliche Wege zu gehen.

Es wird Zeit, daß wir uns dem zuwenden, der sonst der Mittelpunkt aller Bibelauslegungen ist: Jesus. Er spielt hier eine merkwürdige Rolle. Am Anfang ist er konfliktmüde von den jüdischen Kontroversen, dann desinteressiert an den heidnischen Problemen, schließlich beleidigend zu einer Frau, die in höchster Bedrängnis ist. Er ist dogmatisch wie ein Theologe und prinzipientreu wie ein Oberkirchenrat. Hier provoziert er eine Frau. Das ist nicht das Bild, das wir von Jesus, seiner Souveränität, seiner Menschenfreundlichkeit haben. Das scheint nicht der Gottessohn zu sein, der erfüllt ist von Gottes Geist, der für die anderen da ist und sein Leben geben will. Ich meine, wir haben uns lange täuschen lassen, indem wir stets den göttlichen und nie den menschlichen Jesus sehen wollten. Der menschliche leidet, ist verzweifelt. Er braucht Menschen, und im Boot, wo er schlafen will, ein Kissen. Er braucht Kinder, die er zärtlich an sich drückt, Freundinnen und Freunde. Er kann ärgerlich, gereizt sein und mit Frauen sehr abfällig umgehen. Er ist nicht anders als wir Menschen, nicht isoliert, nicht heroisch, er hat sich entwickelt an Menschen und mit Menschen, und ist gereift an seinen Erfahrungen, wie wir an unseren Erfahrungen reifen (Hebr 5,8). Mit ihm können wir mitfühlen, mitleben.

In unserer Geschichte macht er eine der umwälzenden Erfahrungen seines Lebens. Er erlebt eine Frau, die stärker, klüger, großherziger, frömmer ist als er. Er steht vor einem neuen Gottesbild und muß der Frau recht geben. Er lernt, daß die scheinbar so unbedeutende, lächerliche Mutter-Tochter-Beziehung wichtig ist, vielleicht ein Beispiel für neue menschliche Beziehungen im Reich Gottes.

Das Große ist, daß er dies nicht alles weiß oder zu wissen vorgibt, daß er sich der Frau stellt, sich in die Auseinandersetzung einläßt und sich ihr ausliefert mit seiner ganzen Existenz. Die Neutestamentlerin Luise Schottroff hat es einmal so ausgedrückt: »Jesus erträgt es, daß die Frauen stärker sind als er«.

Für diesen Menschen Jesus sind Frauen die besonderen Partnerinnen, die ihn auf seinem Weg begleiten, die ihn nicht nur »versorgen« oder »unterstützen«, wie es bis in unsere Bibelübersetzungen immer noch falsch heißt. In ihrem Lebensstil scheint er etwas von seinem Lebensstil wiederzuentdecken. Sie stehen an entscheidenden Punkten seines Lebens ihm zur Seite, zeigen ihm seinen Weg, bestärken ihn darin und machen ihn zu dem, was er ist: ein Mensch für alle Menschen, vom Geist Gottes erfüllt, den er uns allen verheißt. Aber in den Minderheiten, den Armen, den Frauen wird dieser Geist zuerst sichtbar.

Unsere Geschichte ist eine dieser Wende-Geschichten, von einer Frau provoziert. »Jesus ist der Verlierer«, sagte neulich ein Student erstaunt, enttäuscht. Mir scheint solche Betrachtungsweise ein falsches Oben-unten-Schema zu sein. Wo wir bewegt werden, miteinander oder auch gegeneinander, entsteht etwas Neues. Keine(r) verliert, und letzten Endes gewinnen alle. Jesus gewinnt eine neue Sicht, er bekommt einen Blick für die Heiden, die Außenseiter. Er bekommt einen Blick für die Frau und stellt sich ihr und öffnet sich ihr. »Dein Glaube ist groß«, sagt er bewundernd, bestätigend und anerkennend. Ihr Glaube war größer als sein Glaube. Ihr Gott war größer als sein Gott.

Aber dann fällt noch ein Satz, den alle bisher übersehen und verdrängt haben und der unsere Geschichte über alle Heilungsgeschichten hinaushebt und die Frau auf einen hohen Podest stellt. Sie hat ihm sich hingegeben und hat ihm alles gegeben, was sie hatte: Einsicht und Weite. Jetzt gibt er ihr, was ihr noch niemand gegeben hat und was sie nie erwartet hätte: die Heilung ihres Willens, ihrer tiefen Persönlichkeit, die kein Guru, kein Religionsgründer einer Frau je zugestanden hat: »Dir geschehe, wie du willst!«

Gott will, daß wir wollen

Dir geschehe, wie du willst! Die Frau geht nach Hause und findet ihre Tochter gesund vor.

Aber wir? Was heißt das für uns? Wie können wir wieder heil

werden? Dir geschehe, wie du willst! Das ist ein seltsames Wort, das uns nicht recht eingeht, und ich habe noch nie darüber predigen hören. Wir stocken als Christen, und wir stocken als Frauen. Als Christen haben wir gelernt: *Dein* Wille geschehe, aber nicht *unser* Wille geschehe! Und für manche scheint das bis heute noch die Quintessenz des Christentums zu sein: sich beugen unter den unabänderlichen Gotteswillen, sein Kreuz auf sich nehmen! Als Frauen haben wir überdies gelernt, mehr auf den Willen der anderen als auf unseren eigenen zu achten. Was der Partner, die Kinder, der Mann, die Familie will, das ist meist vorrangig vor dem, was *wir* eigentlich wollen.

Aber was wollen wir eigentlich? Die Frage sollten sich Frauen einmal dringend stellen. Haben wir es uns nicht irgendwie und irgendwann abgewöhnt, nach unserem Willen zu fragen und ihn sogar durchzusetzen? Wir sollten uns mal in unserem tiefsten Inneren fragen: Was will ich eigentlich? Was bewegt mich tief unten in meiner Persönlichkeit? Was ist mein tiefer Traum? Was treibt mich insgeheim?

Unsere Fähigkeit, unseren Willen aufzuspüren, ihn durchzusetzen und zu behaupten, ist höchst unentwickelt. Wir stoßen dabei an ein typisches Frauenproblem, das die amerikanische Psychoanalytikerin Jean Baker Miller einmal so beschrieben hat: »Die gesamte Konditionierung der Frau läuft dem ernsthaften Bemühen zuwider, herauszufinden, was sie will.« D. h. Frauen leben unter Bedingungen, die es ihnen schwermachen, willensstarke Menschen zu werden. Sie haben stärker als Männer erlebt, wie ihr Wille, ihr Eigenwille, langsam immer mehr verschwand. Was die anderen, die Familie, die Gruppe, die Vorgesetzten, der Freund, der Ehemann und später die Kinder wollten, das war wichtig. Dahin haben sie lauschen gelernt. Dahinein haben sie höchste Einfühlungsgabe entwickelt. Friedrich Nietzsche hat es mal lapidar so ausgedrückt: »Das Glück des Mannes heißt: Ich will. Das Glück des Weibes heißt: Er will.« Unser Wille, der sowieso höchst kümmerlich entfaltet war, blieb auf der Strecke, wucherte allerdings im Verborgenen und brach zuweilen in Wut und Aggressionen heraus. In Frauengruppen, besonders in christlichen, kann man erleben, daß einzelne Frauen oft gar nicht mehr wissen, was sie wollen. Sie wollen, was andere wollen. Ihr Wille ist zu oft gebeugt worden, so daß ihr tiefes Wünschen und Wollen wie verschüttet ist. Unsere christliche Sozialisation hat ein übriges getan, uns von uns selbst zu entfremden. Die ältere Generation wird sich noch besinnen können, daß wir in der evangelischen Mädchenarbeit sangen: »Wenn das Eigne uns erstorben, Christ, so hat du uns erworben, dein zu sein als Gottes Kind«. So wurden wir Gottes gehorsame Töchter. Nicht mein Wille, sondern dein Wille geschehe!

Was bei Männern noch durch gesellschaftliche Erwartungen an Leistung und Durchsetzungsvermögen entwickelt werden mußte, war bei Frauen, die sich an Frauenrollen orientieren mußten, an Werten wie Anpassung, Einfühlsamkeit, Gemeinschaftssinn, nicht gefragt.

Doch in unserer Geschichte wird klar: Unser Wille, der Wille einer Frau ist wichtig. Er ist notwendig zum Gesundwerden. Er ist heilig. Er ist unerläßlich zur Heilung. Er ist Gottes Wille. Gott überrollt ihn nicht. Er braucht ihn. Er braucht Frauen, die sich behaupten, die fragen, was sie wollen, und dieses Wollen auch durchführen.

Nur einmal in der Bibel, in dieser Frauengeschichte steht der aufreizende Satz: Dir geschehe, wie du willst. Wir sollten ihn nicht herunterspielen, wie es Theologen bis heute tun. Wir sollten ihn in seiner ganzen Gewichtigkeit in uns aufnehmen und bedenken. Denn das Wort »wollen« hat Gewicht im Neuen Testament. Das Wollen Jesu z. B. wird als sein »Bestimmen und Handeln in einer einzigartigen Vollmacht« verstanden. Wenn wir es auf die Frau übertragen, dann hat auch sie in einer einzigartigen Vollmacht hier gehandelt. Die, die ihr Innerstes nach außen gekehrt hat, bekommt jetzt die Bestätigung: Was du gewollt hast, dich selbst und deinen Lebensraum, deine wiederhergestellte Beziehung zu deiner Tochter, ihre Gesundheit, das ist gut. Das ist heilig. Das ist Gottes Wille. Du hast etwas eingebracht in die Jesusbewegung, was bisher kein Jünger und keine Jüngerin und selbst Jesus nicht gewußt hat: daß Gott für alle da ist, für Heiden und Juden, und daß die eigentlich so wertlose Frauenbeziehung von höchster Qualität, Ausdruck von Gottes Willen ist.

Eine überbetonte paulinische Theologie hat uns stets unseren verqueren Menschenwillen vor Augen geführt, der gegen Gottes Willen gerichtet ist. Dies ist aber nur *ein* Zeugnis der Bibel. Es gibt auch das Eins-sein mit dem Gotteswillen, das aus unseren tiefsten Wünschen und Träumen kommt und das uns auf Gottes Seite stellt. Auf die Seite des Lebens. Auf die Seite der Minderheiten. Auf die Seite der Habenichtse, die keine Institutionen, keine Macht, keine Hierarchie über und unter sich wissen.

Wenn wir unseren Willen entdecken, begegnen wir einem Stück unserer Persönlichkeit, auf die wir im Alltag selten treffen, die vielleicht keiner, nicht mal der liebste Mensch kennt. Wenn wir unseren Willen beobachten lernen, uns seiner hinter allem oberflächlichen und absurden Wollen und Wünschen bewußt werden, dann merken wir: du mußt ihn ernst nehmen und zu ihm stehen. Er gehört zu dir und deiner Persönlichkeit. Wenn du ihn verleugnest, geht etwas in dir kaputt. Er gehört zu dir als Gottes Tochter, als Gottes Kind. Er gehört zu dir als Gottes gute Schöpfung.

Wenn du ihm folgst, wirst du anecken, denn er liegt oft quer zu den Willensbekundungen der Gesellschaft, der Kirche und deiner Familie. Du wirst aus dir herausgehen müssen, und du wirst dich angreifbar machen. Du wirst komisch, hysterisch, übertrieben auffallend wirken – mit allen Ausklammerungen einer Abweichlerin von unserer Gesellschaft belastet werden. Aber du wirst wachsen in all deinen geistigen und geistlichen Fähigkeiten. Du wirst du selbst werden. Du wirst ICH sagen lernen, wie die kanaanäische Frau Ich sagte, als sie Jesus bat: Hilf mir! Und die Beziehungen, an denen du leidest, werden sich ändern. Und du wirst etwas bewirken.

Und noch etwas ist wichtig zu wissen: es gibt den persönlichen Willen von uns als einzelne, mit dem alles anfängt. Aber es gibt darüber hinaus den gebündelten Willen vieler Frauen, die heute ihre Lebensvorstellungen durchsetzen und nicht mehr stumm an den Verhältnissen leiden. Überall in der Welt, wo Frauen ihren Willen durchsetzen, kommt etwas Neues hinzu: Frauen wollen Brot und Rosen.

Sie wollen saubere Luft für ihre Kinder.

Sie wollen in Argentinien ihre verschollenen Kinder zurückhaben.

Sie wollen Gerechtigkeit in Südafrika.

Sie wollen fast Selbstverständliches, wie die kanaanäische Frau etwas ganz Natürliches wollte: die Gesundheit ihrer Tochter, und die doch zunächst auf gar kein selbstverständliches Verständnis stieß. Wir müssen unseren Willen von innen nach außen kehren. Und wenn uns dabei ein schlechtes Gewissen gemacht wird, sollten wir die Zusage Gottes an die kanaanäische Frau uns sagen, die allen Frauen gilt: »Dir geschehe, wie du willst.« Gott will, daß wir wollen.

Die Frau in Kirche und Gesellschaft

Bücher zur feministischen Literatur in GTB Siebenstern

Catharina J. M. Halkes
Gott hat nicht nur starke Söhne

Grundzüge einer feministischen Theologie. Ins Deutsche übertragen von
Ursula Krattiger-van Grinsven. 5. Auflage. 128 Seiten.
Deutsche Erstausgabe. (GTB 371)

Catharina J. M. Halkes
Suchen, was verlorenging

Beiträge zur feministischen Theologie. Aus dem Niederländischen von
Franz J. Lukassen. 174 Seiten. Deutsche Erstausgabe. (GTB 487)

Elisabeth Moltmann-Wendel
Ein eigener Mensch werden

Frauen um Jesus. 6. Auflage. 150 Seiten mit zahlreichen Fotos.
Originalausgabe. (GTB 1006)

Elisabeth Moltmann-Wendel
Das Land, wo Milch und Honig fließt

Perspektiven einer feministischen Theologie. 2. Auflage. 205 Seiten mit
12 Fotos. Originalausgabe. (GTB 486)

Rosemary R. Ruether
Sexismus und die Rede von Gott

Schritte zu einer anderen Theologie. Aus dem Englischen übertragen von
Annemarie Eggers, Jean Fraser, Anne-Marie Rathschlag-Schaefer, Hildburg
Wegener-Fueter und Karin Wilms. 333 Seiten. Deutsche Erstausgabe.
(GTB 488)

Rosemary R. Ruether
Frauenbilder – Gottesbilder

Feministische Erfahrungen in religionsgeschichtlichen Texten. Aus dem
Amerikanischen übersetzt von Birgit Keune. 411 Seiten mit zahlreichen
Abbildungen. Deutsche Erstausgabe. (GTB 490)

88-37.1

Gütersloher Verlagshaus Gerd Mohn